Estudos econômicos e financeiros

Perspectivas econômicas

## As Américas

**A persistência da pandemia obscurece a recuperação**
............................................................

OUT **20**

FUNDO MONETÁRIO INTERNACIONAL

© 2020 International Monetary Fund
Edição em português ©2020 Fundo Monetário Internacional

**Cataloging-in-Publication Data**

Names: Fundo Monetário Internacional, publisher.

Title: Regional economic outlook. Western Hemisphere : pandemic persistence clouds the recovery.

Other titles: Western Hemisphere : pandemic persistence clouds the recovery. | World economic and financial surveys.

Description: Washington, DC : International Monetary Fund, 2020. | World economic and financial surveys. | Oct. 20. | Includes bibliographical references.

Identifiers: ISBN  9781513558264 (English Paper)
9781513558288 (English ePub)
9781513558295 (English Web PDF)
9781513558301 (Spanish Paper)
9781513558332 (Spanish ePub)
9781513558356 (Spanish Web PDF)
9781513558370 (Portuguese Paper)
9781513558394 (Portuguese ePub)
9781513558400 (Portuguese Web PDF)

Subjects: LCSH: Economic forecasting—Western Hemisphere. | Economic development—Western Hemisphere. | Western Hemisphere—Economic conditions.

Classification: LCC HC95.A1 R445 2020


O relatório *Perspectivas econômicas: As Américas* é publicado para analisar a evolução dos acontecimentos econômicos na América Latina e Caribe. As projeções e considerações de política nele contidas são de autoria do corpo técnico do FMI e não representam necessariamente as opiniões do FMI, da sua Diretoria Executiva ou da Direção-Geral da instituição.


Envie seu pedido para:
International Monetary Fund, Publication Services
P.O. Box 92780, Washington, DC 20090, E.U.A.
Tel.: (202) 623-7430     Fax: (202) 623-7201
publications@imf.org
www.imfbookstore.org
www.elibrary.imf.org

# Índice

**Prefácio** — v

**Uma crise sanitária sem precedentes** — 1

**Uma contração econômica histórica** — 2
- Vulnerabilidade econômica elevada aos confinamentos — 2
- Um choque global — 3
- Um colapso histórico na atividade econômica — 6

**Medidas de política arrojadas para superar um choque sem precedentes** — 8

**Perspectivas regionais: Uma recuperação parcial e desigual** — 11
- Condições externas moderadas — 11
- Demanda interna fraca, inflação baixa e crescimento potencial contido — 12

**Riscos para as perspectivas** — 15
- Riscos externos — 16
- Riscos regionais e internos — 16

**Análise das políticas econômicas regionais** — 17

**Quadro 1. Reestruturação da dívida soberana na Argentina e no Equador** — 21

**Anexo 1. A COVID-19 na América Latina e Caribe** — 23

**Anexo 2. Mercados de trabalho na América Latina durante a COVID-19** — 25

**Anexo 3. Política fiscal durante uma pandemia: como foi o desempenho da América Latina e Caribe?** — 26

**Anexo 4. Avaliação do impacto da pandemia de COVID-19 nos setores empresarial e bancário da América Latina** — 28

**Anexo 5. Esclarecimentos** — 30

**Tabela 1 do Apêndice. As Américas: Principais indicadores econômicos** — 31

**Tabela 2 do Apêndice. As Américas: Principais indicadores fiscais** — 32

**Referências** — 33

**Grupos de países e abreviaturas de países** — 35

# Prefácio

A edição de outubro de 2020 de *Perspectivas econômicas: As Américas* foi elaborada por Samuel Pienknagura com contribuições de Jaime Guajardo e Anna Ivanova, sob a orientação de Jorge Roldós e a direção geral de Alejandro Werner e Krishna Srinivasan. Ali Alichi, Joe Chensavasdijai, Ding Ding, Bert van Selm, Jeff Danforth e Atsushi Oshima contribuíram para a análise sobre os países caribenhos. Javier Arze del Granado e Esther Perez Ruiz contribuíram para as análises sobre os países da América Central, o Panamá e a República Dominicana. Genevieve Lindow e Adam Siddiq proporcionaram excelente assistência de pesquisa. O relatório reflete o conteúdo de uma série de documentos de referência (FMI 2020a, 2020b, 2020c e 2020d) que estão disponíveis online em http://www.imf.org. Os documentos de referência foram preparados pelos seguintes colaboradores: Ali Alichi, Bas Bakker, Pablo Bejar, Pelin Berkmen, Farid Boumediene, Serhan Cevik, Antonio David, Hamid Faruqee, Carlos Gonçalves, Jaime Guajardo, Metodij Hadzi-Vaskov, Keiko Honjo, Kotaro Ishi, Salma Khalid, Takuji Komatsuzaki, Cheng Hoon Lim, Fedor Miryugin, Roberto Perrelli, Samuel Pienknagura, Carlo Pizzinelli, Mehdi Raissi, Pedro Rodríguez, Jorge Roldós, Frederik Toscani, Mauricio Vargas e Dmitry Vasilyev. Astrid Baigorria prestou inestimável apoio à produção. Cheryl Toksoz, do Departamento de Comunicação, coordenou a edição e produção. Virginia Masoller e Carlos Viel lideraram a equipe de tradução e edição da versão em espanhol do relatório e Solange dos Santos liderou a equipe de tradução da versão em português. Este relatório reflete a evolução dos acontecimentos e as projeções do corpo técnico do FMI até o fim de setembro de 2020.

# Perspectivas para a América Latina e o Caribe: A persistência da pandemia obscurece a recuperação

*A pandemia continua a se espalhar na região da América Latina e Caribe (ALC), mas a atividade econômica está se recuperando. Após uma retração profunda em abril, a atividade começou a se recuperar em maio, à medida que as medidas de isolamento foram sendo gradualmente flexibilizadas, os consumidores e as empresas se adaptaram ao distanciamento social, alguns países introduziram um apoio considerável de política econômica e a atividade global se fortaleceu. Para 2020, está projetada uma contração de 8,1% no PIB real, seguida por uma recuperação suave em 2021, refletindo a propagação contínua do vírus e as consequências do distanciamento social. Os riscos para as perspectivas continuam inclinados para o lado negativo e a incerteza em relação à evolução da pandemia é uma das principais fontes de risco. Conter a propagação do vírus e enfrentar a crise sanitária continuam sendo as principais prioridades para as políticas econômicas. Nos países onde as medidas restritivas ainda prejudicam a atividade econômica, as políticas devem se concentrar em garantir liquidez suficiente para as empresas e em proteger o emprego e a renda, paralelamente ao desenvolvimento de planos de consolidação fiscal de médio prazo para preservar a sustentabilidade da dívida. Nos países que estão flexibilizando o isolamento social, os esforços devem se concentrar no apoio à recuperação, inclusive por meio de reformas estruturais. Uma vez que a pandemia esteja sob controle e a recuperação bem encaminhada, será necessário que a política fiscal se dedique a recompor a margem de manobra. A política monetária deverá continuar acomodatícia enquanto a inflação permanecer dentro da faixa da meta e as expectativas inflacionárias estiverem bem ancoradas.*

## Uma crise sanitária sem precedentes

A pandemia da doença do coronavírus (COVID-19) desferiu um duro golpe na ALC. Com apenas 8,2% da população mundial (640 milhões de habitantes), no fim de setembro a região respondia por 28% de todos os casos (9,3 milhões) e 34% de todas as mortes (341 mil). A quantidade de novos casos continua a aumentar em alguns países (Argentina, Costa Rica, Paraguai) enquanto se estabilizou em outros, embora em níveis relativamente elevados (Brasil e Peru). As maiores economias da região (Brasil, Chile, México, Peru) registram alguns dos maiores índices de mortes per capita em todo o mundo (Gráfico 1, painel 1), e é provável que as os números oficiais estejam subestimados. A propagação da pandemia na região tem sido desigual: ao contrário das maiores economias, algumas nações do Caribe e o Uruguai conseguiram conter os surtos e, dentro dos países, os grandes centros urbanos foram mais atingidos do que outras áreas (FMI 2020a).

No início da pandemia, os países da ALC impuseram medidas rigorosas de confinamento – quando o número de casos ainda era baixo (Gráfico 1, painéis 2 e 3). O confinamento inicialmente retardou a propagação da pandemia, ao reduzir drasticamente a mobilidade (Anexo 1). Contudo, ele não conseguiu conter a propagação da doença de forma eficaz, pois a mobilidade começou a aumentar. Na verdade, a pandemia evoluiu em "fogo baixo", com um período prolongado de aumento constante de novos casos e mortes resultando em um número total elevado de fatalidades, apesar do declínio inicial acentuado na mobilidade. A prevalência da pobreza, a informalidade nos mercados de trabalho e a impossibilidade de distanciamento social em áreas urbanas densamente povoadas e bairros populares apinhados contribuíram para o aumento do número de óbitos. Além disso, em muitos países da ALC, a baixa capacidade do Estado e a ausência de margem de manobra fiscal dificultaram os esforços de contenção e atenuação, inclusive devido ao fracasso em reforçar as capacidades de teste e rastreamento (Gráfico 1, painel 4). Conforme os surtos se tornaram mais disseminados, os sistemas de saúde inadequados da região ficaram sob pressão e não conseguiram conter os custos humanos (Gráfico 1, painel 4).

A dinâmica de fogo baixo na região significa que o contágio marginal e as taxas de mortalidade

### Gráfico 1. Evolução recente da pandemia de COVID-19

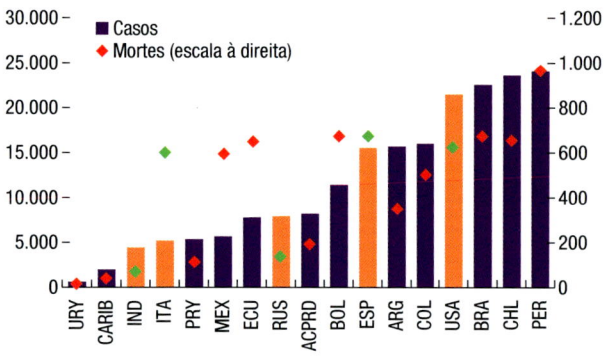

1. Casos confirmados e mortes por COVID-19
(Por milhão de habitantes)

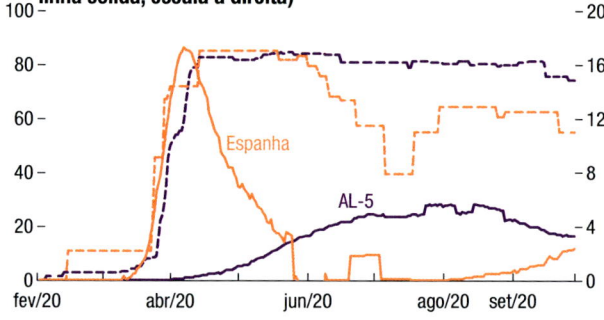

2. Mortes por COVID-19 e índice de rigor da contenção
(Índice de rigor da contenção: defasagem de 14 dias, linha pontilhada; novas mortes por milhão: média móvel de 14 dias; linha sólida, escala à direita)

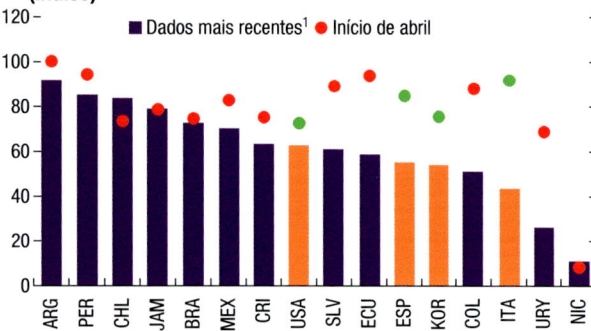

3. Rigor da contenção
(Índice)

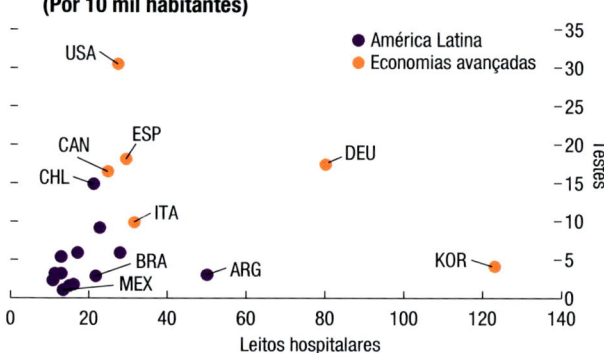

4. Leitos hospitalares e testes[2]
(Por 10 mil habitantes)

Fontes: Hale et al. 2020; observatório de respostas dos governos à COVID-19 da Universidade de Oxford; base de dados Our World in Data da Universidade Johns Hopkins; e cálculos do corpo técnico do FMI.
Nota: Dados em 28 de setembro de 2020. Os rótulos de dados usam os códigos de países da Organização Internacional para Normalização (ISO). Ver na página 35 a composição dos grupos de países. ACPRD = América Central, Panamá e República Dominicana; AL-5 = América Latina 5 (Brasil, Chile, Colômbia, México e Peru); CARIB = Caribe; COVID-19 = doença do coronavírus.
[1] Os dados mais recentes disponíveis se referem a 28 de setembro de 2020.
[2] Os leitos hospitalares referem-se aos dados mais recentes disponíveis, em 28 de setembro de 2020. Os testes referem-se à média de agosto de 2020.

permanecem elevados, o que determina um processo de reabertura lento porque continuam a existir preocupações em relação à baixa capacidade dos governos e à resiliência dos sistemas de saúde. Muitos países da ALC começaram a reduzir as restrições depois de outras regiões e adotaram uma abordagem mais gradual, mantendo em vigor medidas de contenção que, até o momento, são relativamente rigorosas pelos padrões internacionais (Gráfico 1, painel 2). Contudo, indicadores de mobilidade efetiva sugerem que a conformidade com as medidas de contenção diminuiu ao longo do tempo. No Brasil, por exemplo, a mobilidade se igualou aos níveis europeus. Consequentemente, desde junho muitos países da ALC enfrentaram um ressurgimento da pandemia.

## Uma contração econômica histórica

A natureza global e sincronizada da pandemia levou a confinamentos nacionais, fechamento de fronteiras, colapso na atividade econômica e no comércio internacional e um forte aperto nas condições financeiras. As condições financeiras foram amenizadas devido à reação rápida e vigorosa das autoridades econômicas nas economias avançadas, mas a reversão da contração do comércio global demorou mais.

## Vulnerabilidade econômica elevada aos confinamentos

As características estruturais das economias da ALC as tornaram particularmente vulneráveis a este choque sem precedentes, mais ainda do que as de outras regiões. O fechamento de fronteiras, bloqueios regionais e distanciamento social – essenciais para conter o vírus – reduziram a atividade em setores de contato intenso (como hospitalidade, entretenimento e turismo; FMI 2020b). A parcela de trabalhadores destes setores era maior nas ilhas do Caribe e em alguns países da América Central (Costa Rica, El Salvador) do que em outras partes da região, sugerindo uma exposição maior, mas todos os países da ALC tiveram exposição superior à média das economias avançadas, das economias de mercados emergentes e de países de baixa renda (Gráfico 2, painel 1). Além disso, as exposições diretas aos setores de contato intenso foram amplificadas pelos vínculos de insumo-produto, fazendo com que uma parcela significativamente maior das economias da ALC fosse afetada pela pandemia (Gráfico 2, painel 2). Além da intensidade do contato, os mercados de trabalho da ALC eram vulneráveis ao choque da COVID-19 devido à baixa proporção de trabalhadores empregados em ocupações para as quais o trabalho remoto é viável (ocupações teletrabalháveis, Gráfico 2, painel 3).

## Um choque global

O declínio acentuado na atividade econômica global agravou o impacto interno da pandemia. A forte retração nos parceiros comerciais da ALC contribuiu para uma queda súbita nas exportações de mercadorias que, em muitos países, começou a ser revertida gradualmente em julho (Gráfico 3, painel 1). Um colapso prolongado no turismo afetou severamente vários países da região, sobretudo no Caribe (Gráfico 3, painéis 2 e 3). Entretanto, nos últimos meses, as remessas, que se esperava que permanecessem deprimidas durante o ano, mostraram uma recuperação surpreendente em vários países, proporcionando-lhes um certo alívio (Gráfico 3, painel 4). Salvo pelo petróleo, após a queda de março os preços das commodities voltaram aos níveis anteriores à COVID-19 (Gráfico 3, painel 5). Combinada com a recuperação da economia chinesa no segundo trimestre, a estabilidade dos preços dos metais e dos principais produtos agrícolas amorteceu a contração das exportações no primeiro semestre de 2020 (Gráfico 3, painel 6).

### Gráfico 2. Intensidade de contato e teletrabalho

1. Parcela do emprego em setores de contato intenso[1] (%)

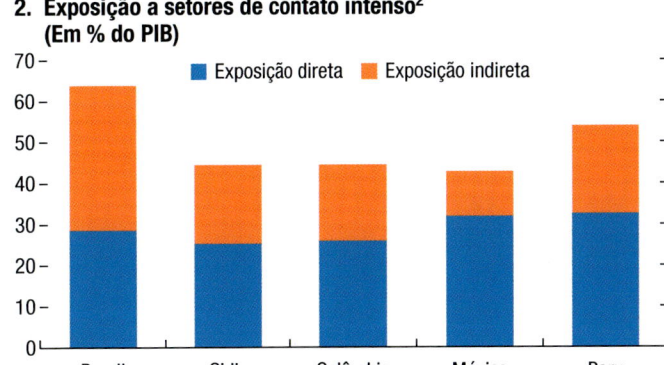

2. Exposição a setores de contato intenso[2] (Em % do PIB)

3. Parcela de empregos que admitem o teletrabalho (%)

Fontes: Dingel e Neiman (2020), base de dados ILOSTAT da Organização Internacional do Trabalho; e cálculos do corpo técnico do FMI.
Nota: Os rótulos de dados usam os códigos de países da Organização Internacional para Normalização (ISO). ALC = América Latina e Caribe; EA = economias avançadas; EME = economias de mercados emergentes; PBR = países de baixa renda.
[1] Os agregados regionais são médias simples.
[2] Os setores de contato intenso são varejo e atacado, transportes e armazenagem, hospedagem e alimentação, educação, artes e entretenimento e empregos domésticos.

### Gráfico 3. Condições econômicas globais

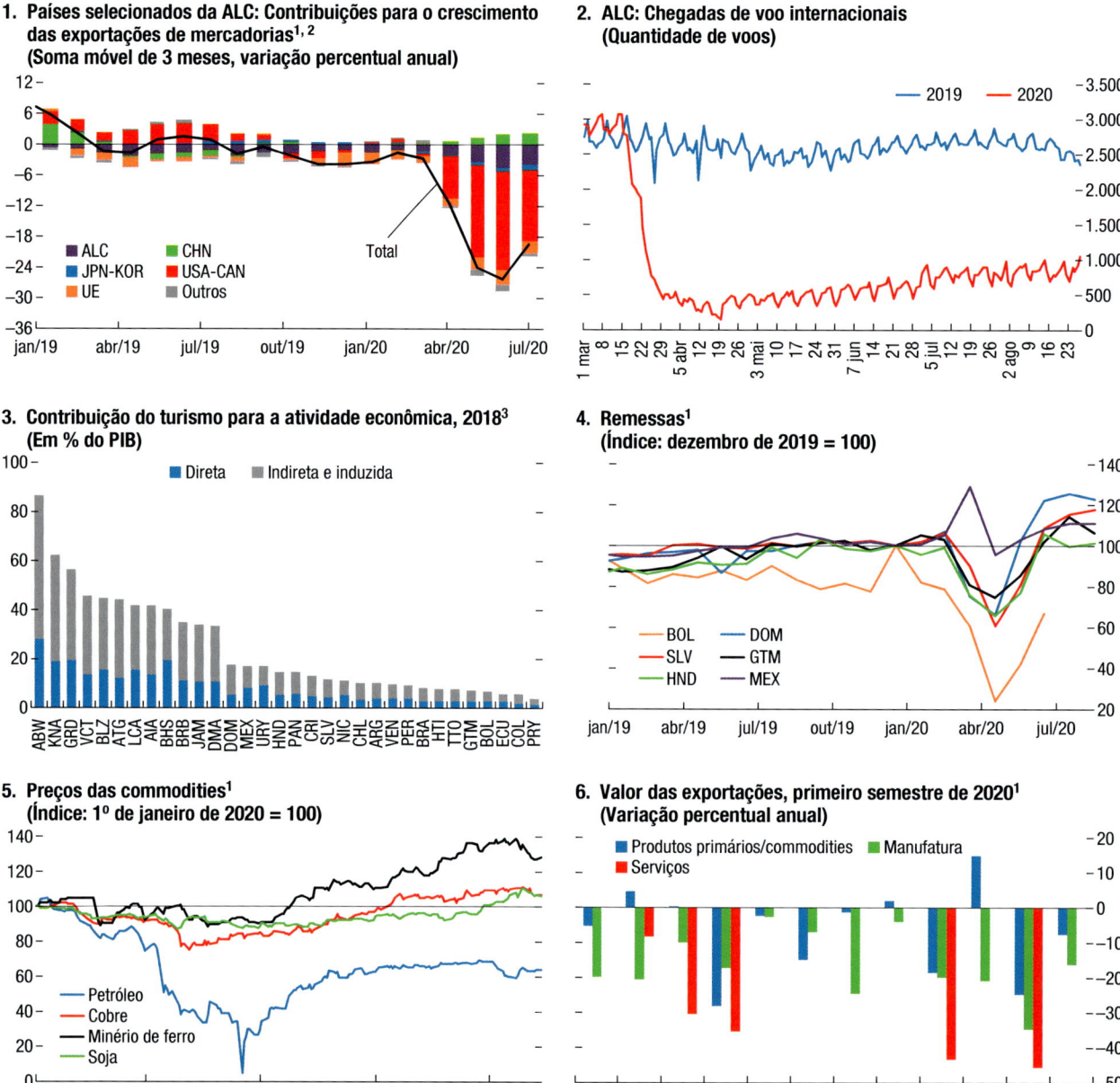

Fontes: Bloomberg Finance L.P.; Organização do Turismo do Caribe; Flightradar24; Haver Analytics; FMI, base de dados *Balance of Payments Statistics;* autoridades nacionais; base de dados do Conselho Mundial de Viagens e Turismo; e cálculos do corpo técnico do FMI.
Nota: Os rótulos de dados usam os códigos de países da Organização Internacional para Normalização (ISO). ALC = América Latina e Caribe; UE = União Europeia.
[1] Valores em dólares dos EUA.
[2] Inclui Argentina, Brasil, Chile, Colômbia, México e Uruguai.
[3] A contribuição direta inclui o impacto direto sobre o PIB dos setores mais relevantes (alimentação, hospedagem, entretenimento, recreação, transportes e outros serviços relacionados a viagens e turismo). A contribuição indireta e induzida inclui o impacto da cadeia de suprimentos sobre os demais setores e os impactos da renda auferida direta e indiretamente porque ela é gasta na economia local.

As condições financeiras na ALC melhoraram recentemente, mas continuam apertadas em alguns países e segmentos (Gráfico 4). Um aumento global na aversão ao risco entre meados de fevereiro e o final de março levou a realocações de carteiras maiores do que em episódios anteriores de tensão financeira, com aumento abrupto dos *spreads* e queda acentuada das moedas e do preço das ações. As condições financeiras se estabilizaram e as saídas de capital diminuíram em abril, após os grandes pacotes de suporte monetário

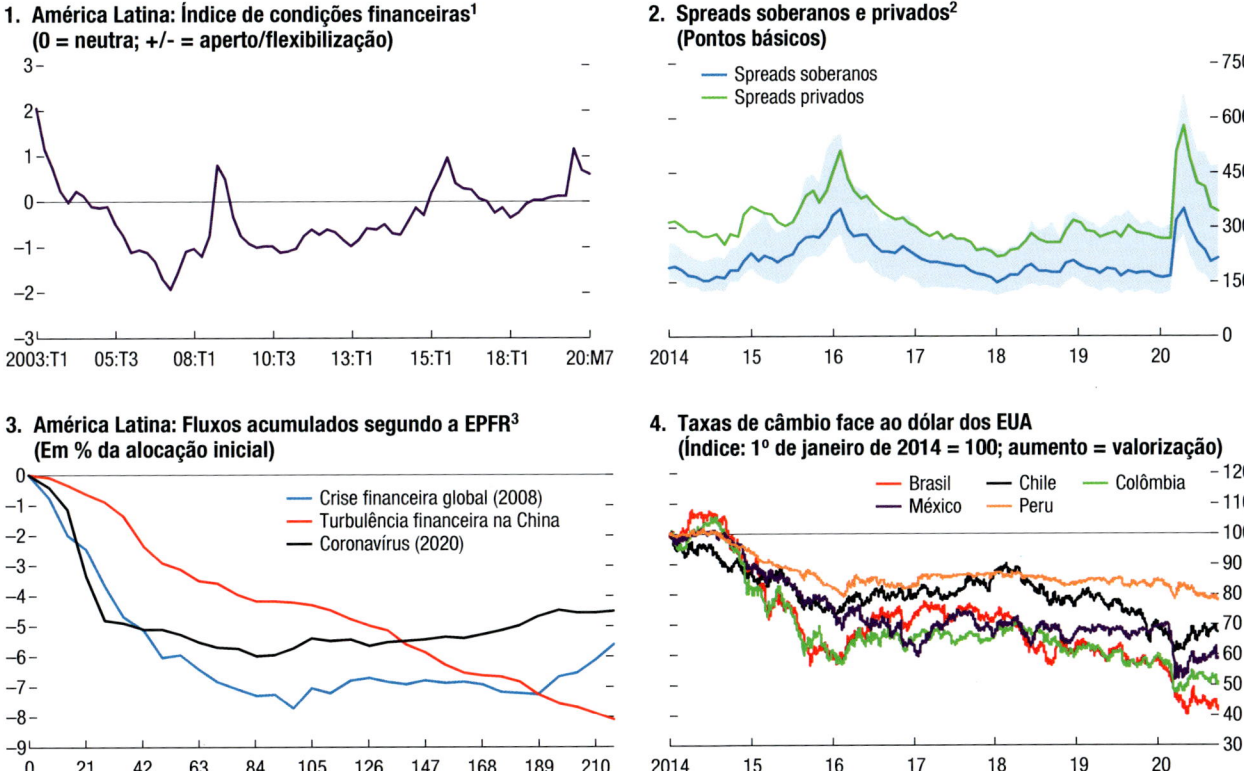

**Gráfico 4. Condições financeiras e fluxos de capitais**

1. América Latina: Índice de condições financeiras[1] (0 = neutra; +/- = aperto/flexibilização)
2. Spreads soberanos e privados[2] (Pontos básicos)
3. América Latina: Fluxos acumulados segundo a EPFR[3] (Em % da alocação inicial)
4. Taxas de câmbio face ao dólar dos EUA (Índice: 1º de janeiro de 2014 = 100; aumento = valorização)

Fontes: Bloomberg Finance L.P.; base de dados da Emerging Portfolio Fund Research (EPFR); Haver Analytics; autoridades nacionais; e cálculos do corpo técnico do FMI.
Nota: Os rótulos de dados usam os códigos de países da Organização Internacional para Normalização (ISO). AL-5 = Brasil, Chile, Colômbia, México e Peru; AL-6 = Brasil, Chile, Colômbia, México, Peru e Uruguai.
[1] A metodologia e as variáveis incluídas no índice de condições financeiras podem ser consultadas no Anexo on-line do *Relatório sobre a Estabilidade Financeira Mundial* de outubro de 2018.
[2] Os spreads soberanos referem-se à mediana do spread do Índice JP Morgan Emerging Market Bond Global do AL-6; títulos soberanos denominados em dólares dos EUA. Os spreads privados referem-se à mediana do spread do Índice JP Morgan Corporate Emerging Market Bond Global do AL-5; títulos privados denominados em dólares dos EUA. As áreas sombreadas referem-se à faixa mínima e máxima dos spreads soberanos do AL-6.
[3] As datas iniciais usadas para os eventos de choque são 10 de setembro de 2008 (crise financeira global); 15 de julho de 2015 (turbulência financeira na China) e 26 de fevereiro de 2020 (surto do coronavírus).

e fiscal nas economias avançadas (*Relatório sobre a Estabilidade Financeira Mundial*, outubro de 2020 [GFSR]). A partir de maio, os fluxos de capital se estabilizaram, as moedas se valorizaram e os *spreads* diminuíram em meio ao aumento do apetite global pelo risco. Contudo, de forma geral as avaliações ainda não voltaram aos níveis pré-COVID-19. As condições financeiras se amenizaram em relação a abril, particularmente em determinados segmentos dos mercados financeiros. O rendimento dos títulos soberanos das cinco maiores economias da América Latina (AL-5: Brasil, Chile, Colômbia, México e Peru) estão próximos de seus mínimos históricos. Adicionalmente, o declínio acentuado nas taxas de juros norte-americanas reduziu a tensão financeira em todos os países. Contudo, em termos médios, as condições financeiras continuam apertadas (Gráfico 4, painel 1).

As saídas de capital afetaram fortemente os mercados de títulos em moeda local, levando os bancos centrais a agir e os governos a alterar suas estratégias de gestão de dívida. Embora os bancos locais e, em menor extensão, os investidores institucionais tenham comprado os títulos vendidos pelos investidores estrangeiros (Gráfico 5), os bancos centrais intervieram no mercado de títulos e de câmbio para evitar a desarticulação das condições de mercado. As intervenções atingiram o seu auge em março e foram reduzidas à medida que a volatilidade diminuía. As emissões de

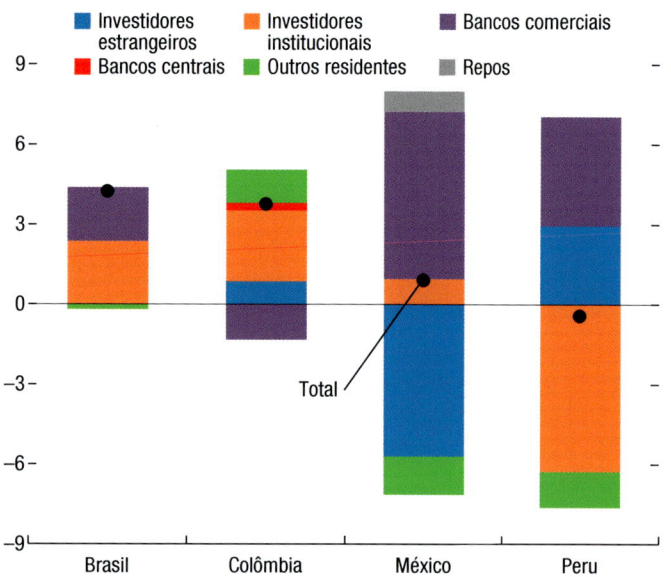

**Gráfico 5. Variações nos detentores da dívida pública em moeda local**
*(Variação percentual, março a agosto de 2020)*

Fontes: Bloomberg Finance L.P.; Haver Analytics; autoridades nacionais; e cálculos do corpo técnico do FMI.

títulos soberanos em moeda local foram menores e com prazos mais curtos (Brasil, México). Por sua vez, os países da ALC classificados em grau de investimento (Colômbia, Chile, México, Panamá, Trinidad e Tobago, Uruguai) emitiram dívidas em moeda estrangeira nos mercados internacionais, demonstrando sua capacidade para manter acesso com rendimentos razoáveis.[1] Outros países[2] tiraram proveito da melhoria nas condições financeiras globais e do aumento do apetite pelo risco e também emitiram títulos em moedas estrangeiras, enquanto a Argentina e o Equador, que já enfrentavam dificuldades econômicas antes da pandemia, concluíram a reestruturação de sua dívida pública externa (Quadro 1).

## Um colapso histórico na atividade econômica

A pandemia, os confinamentos e forças externas contribuíram para um colapso histórico na atividade

[1] O Uruguai também emitiu títulos globais em moeda local (com correção monetária).
[2] Brasil, El Salvador, Guatemala, Honduras, Paraguai e República Dominicana fizeram emissões após abril.

econômica no segundo trimestre de 2020. Os países do AL-5 experimentaram contrações trimestrais no PIB maiores do em qualquer outra recessão já registrada (Gráfico 6, painel 1). Os indicadores mensais de atividade mostram um quadro similar em um grupo mais amplo de países (Gráfico 6, painel 2).

No segundo trimestre, o impacto desproporcional das medidas de isolamento sobre os setores de contato intenso (principalmente em serviços), combinado com uma redução na demanda nesses setores devido ao temor de riscos para a saúde, resultou em uma queda abrupta no valor agregado pelo setor de serviços dos países do AL-5 (Gráfico 6, painéis 3 e 4). Outros setores também foram afetados, mas a retração foi mais alinhada a recessões anteriores. Do lado da demanda, o consumo privado – componente relativamente estável e resiliente – teve uma contração atipicamente grande em comparação com o investimento.

A crise da COVID-19 também se sobressai por seu grande impacto sobre o emprego e por seus efeitos distintos sobre diferentes tipos de trabalhadores. Em recessões anteriores, a queda do emprego na ALC foi mais branda do que a contração do PIB (Gráfico 6, painel 5). Desta vez, o declínio no emprego no segundo trimestre foi maior do que a queda do PIB (Gráfico 6, painel 6). As características dos mercados de trabalho da ALC, como a informalidade, a concentração em pequenas e médias empresas (PME) e a possibilidade reduzida de trabalhar em casa, colocam em risco uma grande parte dos empregos da ALC e estão exacerbando o impacto do choque. Com efeito, o choque da COVID-19 afetou profundamente o emprego informal que, em recessões anteriores, funcionou como um amortecedor durante a fase de contração (*Perspectivas econômicas: As Américas*, outubro de 2019). Mulheres, jovens e trabalhadores de baixa qualificação (que já eram vulneráveis antes da crise), sofreram perda de emprego relativamente maior (FMI 2020b; Anexo 2). Além disso, o grande impacto do choque sobre os trabalhadores menos qualificados, que normalmente vêm de lares de baixa renda, destaca sua natureza regressiva.

Os indicadores de alta frequência apontam para uma recuperação desigual na atividade econômica

## Gráfico 6. Uma recessão incomum

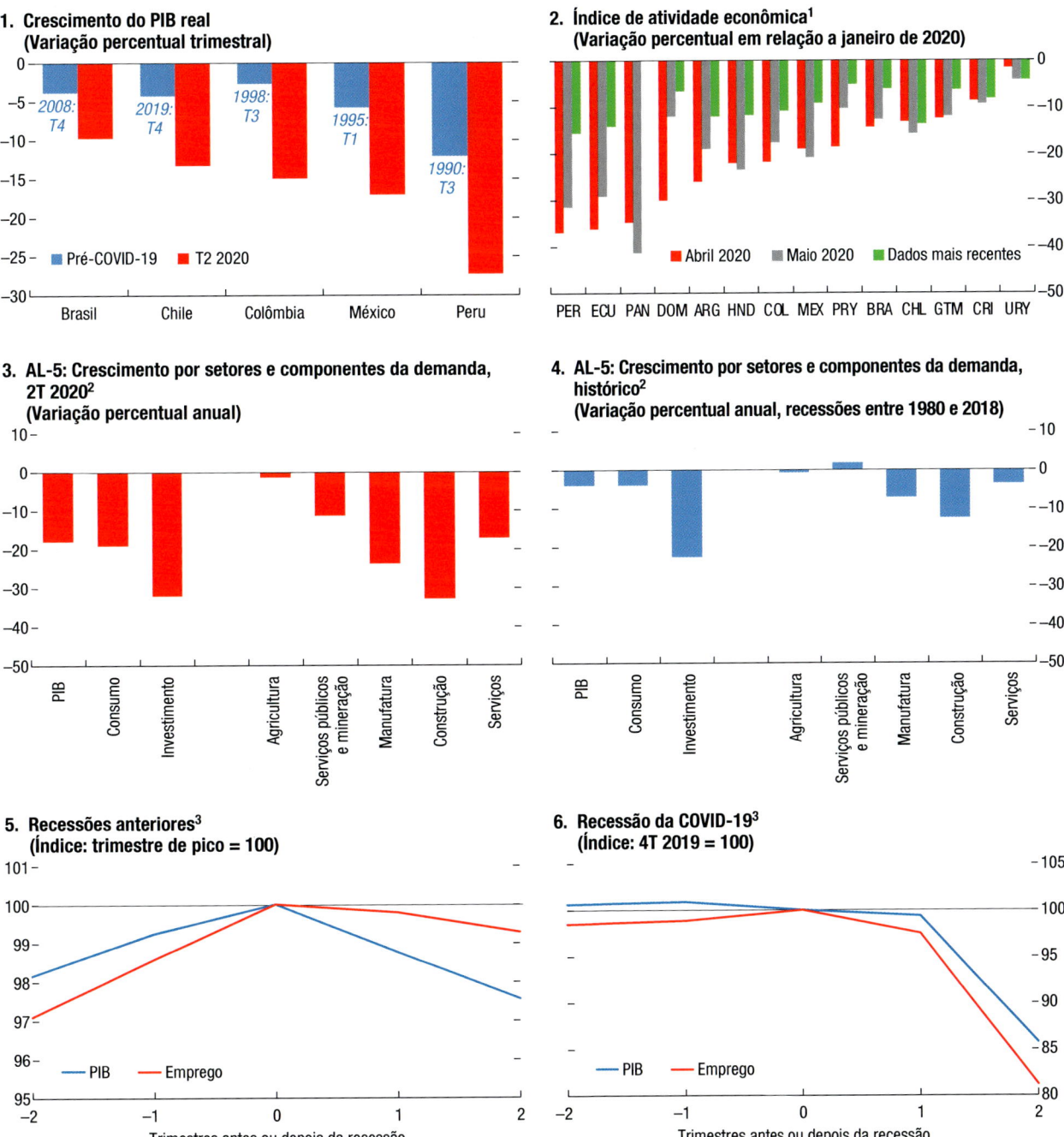

Fontes: Haver Analytics; autoridades nacionais; base de dados da Divisão de Estatística das Nações Unidas; e cálculos do corpo técnico do FMI.
Nota: Os rótulos de dados usam os códigos de países da Organização Internacional para Normalização (ISO). AL-5 = Brasil, Chile, Colômbia, México e Peru; COVID-19 = doença do coronavírus.
[1] O dado mais recente é de julho de 2020, salvo no caso da República Dominicana e do Paraguai, cujos dados são de junho de 2020.
[2] Média simples dos países do AL-5.
[3] Média simples de Brasil, Chile, Colômbia e México.

### Gráfico 7. Uma recuperação desigual desde maio

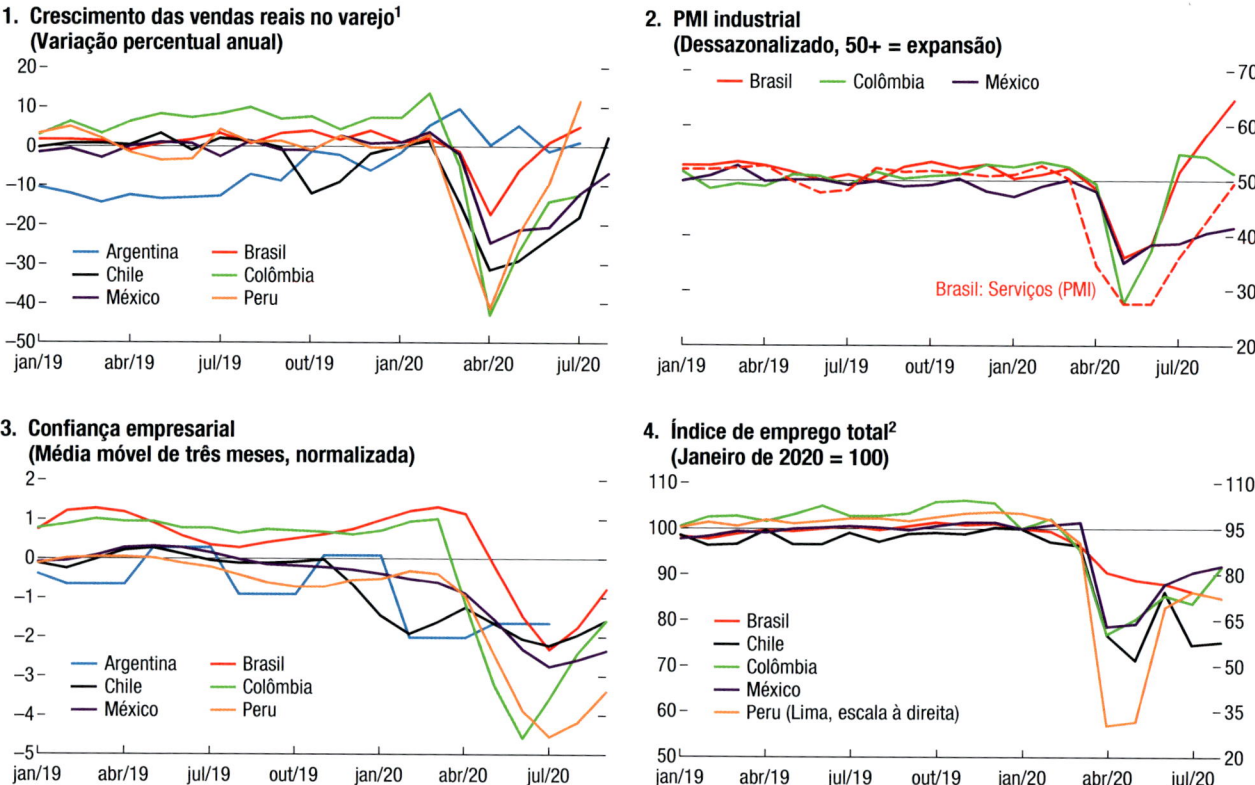

Fontes: Haver Analytics; IHS Markit Ltd.; Asociación Nacional de Tiendas de Autoservicio y Departamentales (ANTAD, México); autoridades nacionais; cálculos do corpo técnico do FMI.
Nota: PMI = Índice dos Gerentes de Compras.
[1] Os dados da Argentina referem-se às vendas totais dos supermercados. Os dados do México referem-se às vendas totais na mesma loja segundo a ANTAD.
[2] Os dados de Brasil, Chile e Peru (Lima) foram transformados para refletir o emprego mensal em lugar das médias móveis de três meses.

desde maio. Após uma forte retração em abril, os indicadores mensais de atividade e as vendas no varejo melhoraram na maioria dos países da ALC (Gráfico 6, painel 2 e Gráfico 7, painel 1). Os índices dos gerentes de compras e os indicadores de confiança empresarial também melhoraram, com alguns países já em território expansionista (Gráfico 7, painéis 2 e 3). Contudo, em toda a região, a atividade econômica continua deprimida em relação aos níveis anteriores à COVID-19, e há diferenças evidentes na velocidade da recuperação nos diversos países. No apogeu da crise, Brasil, Costa Rica e Uruguai sofreram colapsos menos pronunciados e, em julho, apresentavam um hiato na atividade econômica em relação a janeiro menor que o de outros países. Em contrapartida, Equador e Peru sofreram as maiores contrações e a atividade continuou relativamente contida em julho. De forma similar, no Brasil as vendas no varejo e a confiança das empresas se recuperaram e atingiram em junho os níveis pré-COVID-19; entretanto, no México, essa recuperação não foi tão forte e esses indicadores continuam deprimidos. Além disso, a recuperação está sujeita a incertezas consideráveis e a possíveis contratempos. Por exemplo, após melhorias no mercado de trabalho em maio e junho, alguns países experimentaram novas reduções no emprego em julho, associadas a novos surtos e medidas de contenção (Gráfico 7, painel 4).

## Medidas de política arrojadas para superar um choque sem precedentes

Os países da ALC implantaram uma resposta de política econômica multifacetada para atenuar as consequências sanitárias e socioeconômicas imediatas da COVID-19. Eles anunciaram medidas de apoio fiscal de, em média, cerca de 8% do PIB, que incluíram uma combinação de medidas acima da linha (despesas adicionais e renúncia fiscal) e ações abaixo da linha e fora do orçamento (inclusive empréstimos e garantias), destinadas a melhorar os sistemas de saúde, sustentar a renda das famílias e empresas e evitar um aperto de crédito (Gráfico 8, painel 1). Entretanto, houve uma variação significativa no tamanho e na composição dos pacotes de apoio dos diversos países da região, refletindo, em parte, as restrições de espaço fiscal. Cerca de metade das medidas acima da linha tomadas na ALC (cerca de 2,5% do PIB) correspondem a aumento no apoio a famílias, enquanto o restante se divide entre apoio a empresas, apoio a sistemas de saúde e outras medidas (Gráfico 8, painel 2). A maior parte das medidas destinadas a apoiar famílias e empresas foi implementada integralmente.[3] Em meio a um apoio fiscal considerável e à forte redução da arrecadação causada pela recessão, espera-se que os déficits fiscais aumentem em toda a região em 2020 (Gráfico 8, painel 3).

Essas medidas excepcionais estão desempenhando um papel fundamental no apoio à atividade econômica a fim de evitar recessões econômicas ainda mais severas e um impacto social ainda maior. Estimativas do corpo técnico do FMI sugerem que, se totalmente implementadas, as medidas fiscais teriam efeito macroeconômico considerável, elevando o nível do PIB real da região em cerca de 6% a 7% em um período de um ano em comparação com um cenário alternativo, sem medidas fiscais (FMI 2020c; Anexo 3). Isso é compatível com o grande impulso fiscal projetado para 2020 (Gráfico 8, painel 4). As medidas de apoio também atenuaram o impacto social da crise. No Brasil, por exemplo, as estimativas do corpo técnico do FMI sugerem que sem o programa de auxílio emergencial, a porcentagem da população em situação de extrema pobreza teria aumentado de 6,7% para 14,6% (segundo a linha nacional de pobreza de renda familiar per capita de R$ 178).

Entretanto, quando o auxílio emergencial é levado em consideração, a taxa de pobreza cai para 5,4%.

Além dos pacotes fiscais, os países também implementaram outras medidas para impulsionar a atividade econômica e apoiar as famílias. Alguns países, notadamente o Chile e o Peru, aprovaram legislação que permitiu saques das contas de fundos de pensão individuais, e uma grande parte da população elegível acessou esses recursos. Embora estejam atingindo seus objetivos de aliviar as restrições individuais de liquidez, tais políticas também criaram pressões de curto prazo sobre os fundos de pensão para mobilizar ativos líquidos e podem vir a gerar passivos fiscais no médio e longo prazo, já que os governos talvez precisem complementar pensões insuficientes no futuro.

A maioria dos bancos centrais da região afrouxou a política monetária e aumentou a liquidez para reduzir as tensões no mercado e preservar os fluxos de crédito para a economia. As taxas de política monetária foram reduzidas em toda a região, com o Brasil, Colômbia, Costa Rica, México e Peru implementando cortes de mais de 200 pontos básicos. Chile e Peru estão no limite inferior efetivo (Gráfico 8, painel 5). Em alguns casos, como no Brasil e no Peru, as medidas de suporte à liquidez representam uma parcela significativa do PIB (cerca de 16% e 8%, respectivamente). Em conjunto com operações parafiscais e políticas financeiras destinadas a atenuar as pressões sobre o balanço dos bancos (inclusive o uso da flexibilidade existente ou ampliada no quadro regulatório para reestruturar empréstimos, limites ao pagamento de dividendos, redução nas reservas contracíclicas ou para preservação do capital e garantias governamentais), essas medidas contribuíram para a expansão do crédito para empresas (Gráfico 8, painel 6). Alguns países lançaram mão de programas de compra de ativos para melhorar o funcionamento do mercado de títulos de dívida (Colômbia), atender a necessidades sociais prementes (Guatemala) e afrouxar as condições financeiras como um todo (Chile, GFSR de outubro de 2020 e Tabela 1). Estes programas demonstraram reduzir os rendimentos dos títulos públicos e aliviar gradualmente as tensões do mercado (GFSR de outubro de 2020, Capítulo 2).

---

[3] Alguns países sofreram atrasos na implementação dos planos de investimento e nos gastos com saúde.

PERSPECTIVAS ECONÔMICAS: AS AMÉRICAS

### Gráfico 8. Evolução fiscal e monetária

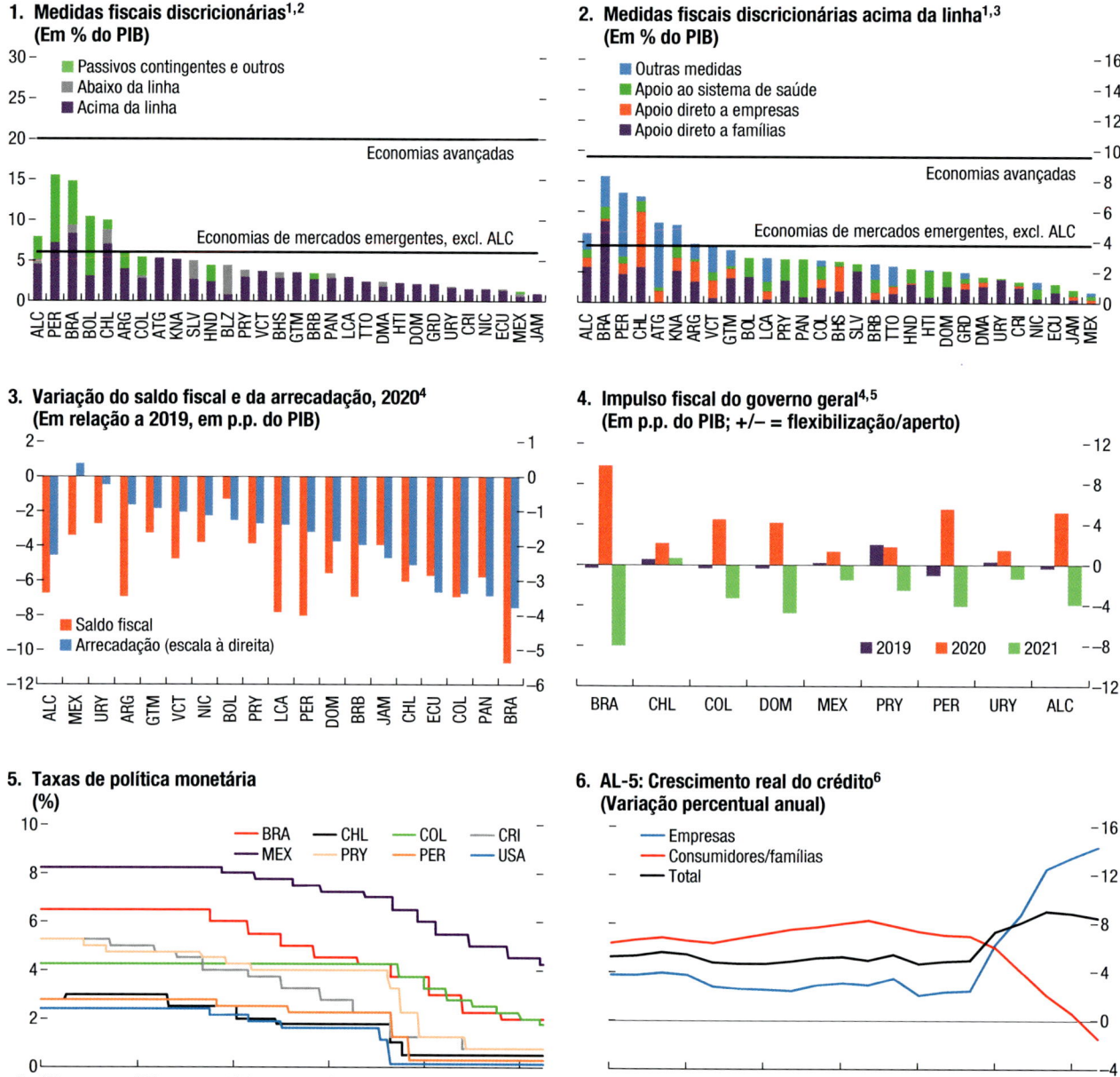

Fontes: Haver Analytics; FMI, base de dados *World Economic Outlook* (WEO); e cálculos do corpo técnico do FMI.
Nota: Os rótulos de dados usam os códigos de países da Organização Internacional para Normalização (ISO). ALC = América Latina e Caribe, AL-5 = Brasil, Chile, Colômbia, México e Peru.
[1] Os agregados das economias avançadas, economias de mercados emergentes excluindo a ALC e ALC são médias do exercício ponderadas pelo PIB nominal em dólares dos EUA. ALC inclui os países apresentados no gráfico. Não inclui diferimento de impostos nem antecipação de benefícios, que geralmente têm efeitos pequenos em termos anuais.
[2] Para a maioria dos países, as garantias de empréstimos incluem o valor potencial total dos empréstimos cobertos pelas garantias; para o Chile e a Colômbia, o valor corresponde ao capital comprometido para tais fins.
[3] No Peru, outras medidas incluem principalmente gastos de capital; no Brasil, elas incluem principalmente ajuda aos governos locais.
[4] Os dados da ALC correspondem à média ponderada do PIB nominal em dólares dos EUA.
[5] Definido como a variação no saldo primário estrutural. Os dados do Chile referem-se à variação no saldo primário estrutural com exclusão da mineração. Os dados da Colômbia referem-se à variação no saldo primário estrutural do setor público consolidado com exclusão do petróleo.
[6] Média simples dos países do AL-5. Empréstimos a empresas não financeiras/comerciais e famílias/consumidores.

**Tabela 1. Atuação dos bancos centrais para reduzir as tensões nos mercados de captação e de títulos mobiliários**

| Objetivo | Medida | Países |
|---|---|---|
| Aliviar a tensão em mercados de funding de longo prazo | Financiamento para empréstimos | ARG, BRA, CHL, MEX, PER, PRY |
| Aliviar a tensão em mercados de títulos | Programas de compra de títulos privados | BRA, CHL, COL |
| | Programas de compra de títulos da dívida pública | COL, CRI, GTM, JAM |

Fontes: FMI, base de dados de intervenções de bancos centrais relacionadas à COVID-19; e FMI, COVID-19 Policy Tracker.
Nota: Os rótulos de dados usam os códigos de países da Organização Internacional para Normalização (ISO).

## Perspectivas regionais: Uma recuperação parcial e desigual

Espera-se uma forte retração no PIB real em 2020, seguida por uma recuperação parcial em 2021. Refletindo as recessões profundas em toda a região, as projeções de crescimento da ALC são de -8,1% em 2020 e +3,6% em 2021 (Tabela 2). A forte recuperação nas remessas e exportações e os preços baixos do petróleo contribuirão para uma retração mais moderada na América Central, Panamá e República Dominicana, enquanto os países do Caribe dependentes do turismo experimentarão recessões mais profundas devido ao declínio forte e prolongado nesse setor. Após uma queda acentuada e generalizada na atividade no segundo trimestre, espera-se que o PIB regional se reerga no segundo semestre de 2020 e continue uma recuperação gradual (Gráfico 9, painel 1). Espera-se que o consumo, o investimento e os fluxos de comércio exterior também caiam em 2020 e se recuperem parcialmente em 2021 (Gráfico 9, painel 2). As projeções de crescimento em 2020 são 1,3 pontos percentuais mais altas do que na atualização de junho de 2020 do relatório do FMI sobre as perspectivas econômicas mundiais, *World Economic Outlook* (WEO). Revisões no crescimento dos parceiros comerciais e resultados mais positivos do que o esperado no segundo trimestre no Brasil melhoraram a previsão. Contudo, as perspectivas estão sujeitas a um grau de incerteza excepcionalmente elevado (WEO de outubro de 2020).

As perspectivas de curto e médio prazo da ALC serão moldadas por fatores que afetam a demanda externa e interna e pela forma como as cicatrizes da pandemia diminuirão o produto potencial. Em contraste com a crise financeira global (quando fatores internos amorteceram o impacto negativo dos fatores externos e uma forte reação dos termos de troca impulsionou a recuperação), desta vez os fatores internos e externos se moverão em sincronia e espera-se que os termos de troca permaneçam neutros durante a recuperação (Gráfico 10, painel 1). As perspectivas de médio prazo apontam para uma recuperação prolongada, refletindo custos econômicos duradouros, e a maioria dos países não voltará aos níveis do PIB pré-pandêmico antes de 2023 (Gráfico 10, painel 2).

## Condições externas moderadas

Projeta-se que a economia global experimentará uma retração profunda em 2020, seguida por uma recuperação lenta, prejudicando as perspectivas para as exportações da ALC. Após cair para -4% em 2020, espera-se que o crescimento dos parceiros comerciais se recupere em 2021 (Gráfico 11, painel 1). As perspectivas são menos promissoras para o turismo, já que as restrições às viagens internacionais e os temores dos consumidores em relação à saúde continuarão a afetar o setor até que a pandemia esteja sob controle (WEO de outubro de 2020). Espera-se que os preços do petróleo continuem contidos, enquanto projeta-se que o preços dos metais e, em menor extensão, da soja devam se firmar no médio prazo (Gráfico 11, painel 2). O impacto desses fatores sobre o crescimento variará dentro da região. Em países como a El Salvador, Paraguai, República Dominicana e Uruguai, e na maior parte do Caribe, um choque positivo nos termos de troca compensará parcialmente o grande choque negativo na demanda externa. Na Bolívia, Colômbia e Equador, um choque negativo nos termos de troca representará mais um obstáculo para o crescimento. Apesar do crescimento fraco das exportações e dos preços baixos das commodities, espera-se que os déficits em transações correntes continuem contidos (Gráfico 11, painel 3).

**Tabela 2. Crescimento do PIB real**
*(Variação percentual anual)*

|  | 2018 | 2019 | Projeções 2020 | Projeções 2021 |
|---|---|---|---|---|
| **América Latina e Caribe** | **1,1** | **0,0** | **−8,1** | **3,6** |
| ALC excl. Venezuela | 1,7 | 0,8 | −7,8 | 3,8 |
| América do Sul | 0,3 | −0,2 | −8,1 | 3,6 |
| ACPRD | 3,8 | 3,2 | −5,9 | 3,6 |
| Caribe |  |  |  |  |
| Dependentes do turismo | 2,0 | 0,5 | −9,9 | 4,0 |
| Exportadores de commodities | 1,1 | 1,0 | 0,6 | 3,8 |
| **Por memória:** |  |  |  |  |
| AL-6 | 2,1 | 0,9 | −7,6 | 3,6 |
| Brasil | 1,3 | 1,1 | −5,8 | 2,8 |
| México | 2,2 | −0,3 | −9,0 | 3,5 |

Fontes: FMI, base de dados WEO; e cálculos do corpo técnico do FMI.
Nota: Os agregados regionais são as médias ponderadas pelo PIB-PPC. Ver informações sobre a composição dos grupos de países na página 35. ACPRD = América Central, Panamá e República Dominicana; ALC = América Latina e Caribe; AL-6 = Brasil, Chile, Colômbia, México, Peru e Uruguai.

## Demanda interna fraca, inflação baixa e crescimento potencial contido

Forças de curto e médio prazo limitarão a demanda interna. Espera-se que o temor do contágio pese sobre o consumo de bens e serviços de contato intenso até que o vírus seja controlado. É provável que a erosão dos níveis de renda e a poupança precaucional, que persistirão mesmo depois que a pandemia se dissipe, acentuem ainda mais essa situação. Com efeito, projeta-se que, na ALC, a renda real per capita se mantenha abaixo dos níveis pré-COVID-19 até 2025 (Gráfico 12), o que significa que a região enfrenta a perspectiva de outra década perdida, como os anos 1980.

Além disso, é esperado que o choque da COVID-19 tenha um forte impacto sobre o nível de emprego e elimine parte do progresso social obtido pela região até 2015. No segundo trimestre de 2020, houve

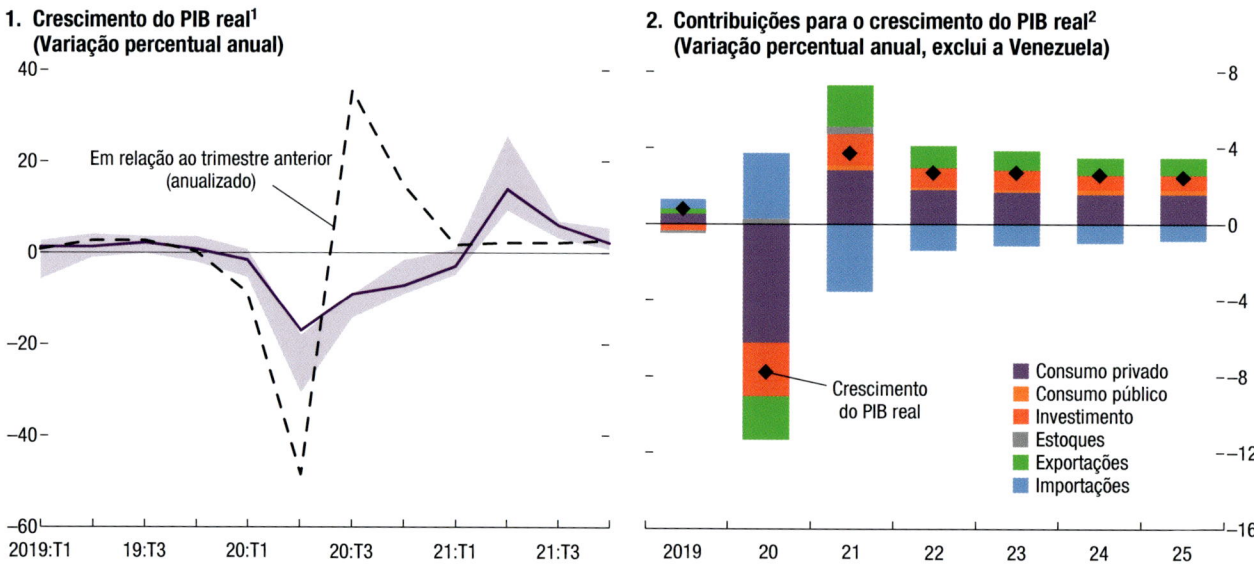

**Gráfico 9. Projeções de crescimento do PIB real**

Fontes: FMI, base de dados WEO; e cálculos do corpo técnico do FMI.
[1] Inclui Argentina, Brasil, Chile, Colômbia, México e Peru.
[2] Média ponderada pelo PIB-PPC. Devido a limitações dos dados, exclui também Aruba, Barbados, Dominica, Granada, Guiana, Jamaica, Santa Lúcia, São Cristóvão e Névis, São Vicente e Granadinas, Suriname e Trinidad e Tobago. Os estoques incluem discrepâncias estatísticas.

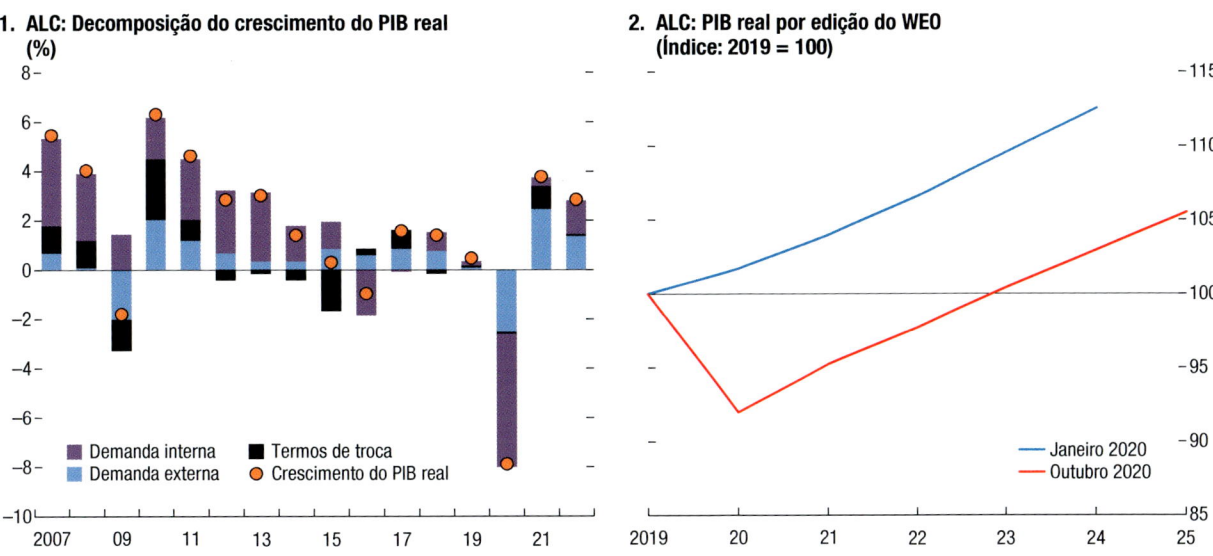

Gráfico 10. Fatores de crescimento e perdas do PIB

Fontes: FMI, base de dados WEO; e cálculos do corpo técnico do FMI.
Nota: ALC = América Latina e Caribe.

queda de 30 milhões de postos de trabalho nos países do AL-5, afetando principalmente os trabalhadores com baixo nível de escolaridade (Anexo 2). Embora muitos empregos devam ser recuperados com a retomada da atividade econômica, as estimativas atuais apontam para perdas duradouras na renda, com projeção de aumento significativo nos níveis de pobreza em 2020 (Tabela 3). O choque também deverá exacerbar a desigualdade de renda da ALC, que já estava entre as mais altas do mundo antes da pandemia (CEPAL 2020). Espera-se que programas de assistência emergencial atenuem o impacto social do choque.

Em meio à recessão econômica, projeta-se que a inflação diminua e, em muitos países, fique abaixo da faixa das metas em 2020. Isso reflete o fato de o impacto das forças deflacionárias associadas à atividade deprimida e aos preços contidos das commodities ser maior do que a pressão inflacionária decorrente do choque de oferta e das desvalorizações cambiais (Gráfico 13, painel 1). É esperado que a inflação aumente gradualmente a partir de 2021, mas continue contida em meio à demanda agregada persistentemente fraca e aos hiatos do produto negativos (Gráfico 13, painel 2).

Espera-se que, em 2020, as medidas fiscais forneçam sustentação de curto prazo para a demanda (Gráfico 8, painel 4; Anexo 3). Contudo, segundo os planos atuais, espera-se que esse efeito seja revertido em 2021, conforme esse apoio seja retirado, com um impulso negativo de cerca de 3% do PIB. Déficits em transações correntes moderados e déficits fiscais elevados em 2020 e 2021 apontam para uma forte inibição da demanda interna privada – em especial, os investimentos continuarão contidos enquanto persistirem as dúvidas em relação à trajetória da pandemia.

Espera-se que a crise da COVID-19 deixe cicatrizes duradouras no PIB potencial, particularmente nos países onde o apoio da política econômica tenha sido limitado. Embora o impacto sobre o produto cíclico e potencial seja quantitativamente similar em 2020, este último se torna mais proeminente conforme consolida-se a recuperação (Gráfico 14, painel 1). Diversos fatores contribuem para perdas duradouras no PIB potencial. O apoio necessário ao setor empresarial, principalmente às PME e algumas empresas de grande porte em setores afetados, exacerbará sua alavancagem elevada e aumentará a prevalência de empresas "zumbi" (anexo on-line do GFSR). Falências, fechamento de empresas e adiamento de planos de negócios em decorrência da demanda fraca e das incertezas manterão o investimento deprimido no médio

### Gráfico 11. Evolução do setor externo

1. **AL-7: Crescimento do PIB real dos parceiros comerciais[1]**
   (Variação percentual anual, ponderada pelas exportações)

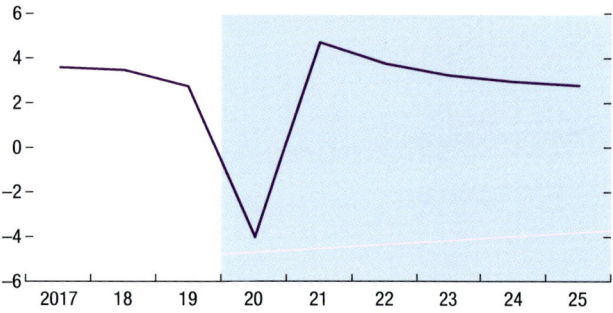

2. **Preços das commodities[2]**
   (Índice: 2019 = 100)

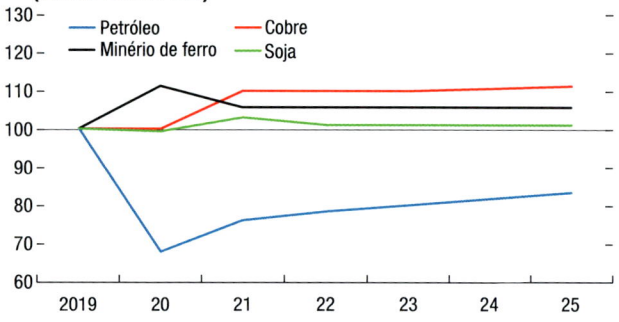

3. **ALC: Saldo em transações correntes[3]**
   (Em % do PIB, exclui a Venezuela)

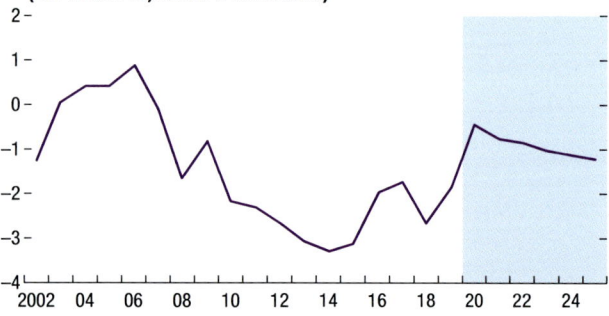

Fontes: FMI, base de dados WEO; e cálculos do corpo técnico do FMI.
Nota: ALC = América Latina e Caribe, AL-7 = Argentina, Brasil, Chile, Colômbia, México, Peru e Uruguai.
[1] Com base nos dados dos parceiros fora da ALC que respondem em conjunto por 100% do comércio internacional do país declarante.
[2] Valores em dólares dos EUA.
[3] O saldo em transações correntes corresponde à média ponderada pelo PIB.

### Gráfico 12. Uma década perdida? PIB real per capita da ALC
*(Em milhares de dólares internacionais de 2017 em função da PPC)*

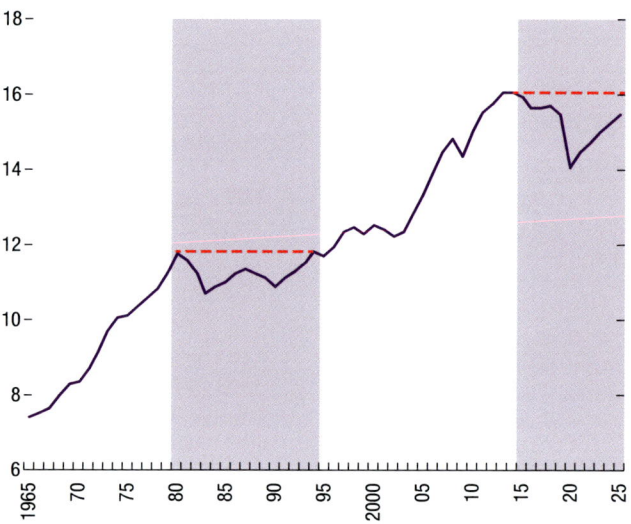

Fontes: FMI, base de dados WEO; e cálculos do corpo técnico do FMI.
Nota: ALC = América Latina e Caribe; PPC = paridade do poder de compra.

---

é bastante valorizado pelas empresas (Gráfico 14, painel 3) – sejam demitidos, destruindo o capital humano específico da empresa. Na ALC, choques econômicos anteriores resultaram em efeitos adversos duradouros sobre a produtividade (Gráfico 14, painel 4; Banco Mundial 2020), e os longos períodos de desemprego e informalidade previstos podem levar a mais perdas de habilidades, tornando ainda mais agudos os efeitos do choque (FMI 2020b).

Finalmente, espera-se que a produtividade total dos fatores seja afetada porque é provável que haja alguma distorção de alocações em uma recuperação que será desigual entre os setores e durante a qual as economias estarão se adaptando e operando de forma compatível com o distanciamento social (WEO de outubro de 2020). Espera-se um processo acelerado de transformação estrutural, pois pode ser necessário readequar o capital instalado e setores em crescimento terão que absorver trabalhadores demitidos, o que pode resultar em custos de ajuste elevados. As leis de falências e os regulamentos trabalhistas rígidos da região também podem dificultar esse processo (*Perspectivas econômicas: As Américas* de outubro de 2019). É provável que alguns desses fatores sejam atenuados em países com programas de apoio econômico fortes, especialmente

prazo (Gráfico 14, painel 2). A crise também levará à destruição do capital organizacional e da relação específica de capital entre fornecedores de insumos e fabricantes de produtos finais, o que provavelmente amplificará os seus efeitos. Da mesma forma, prevê-se que muitos trabalhadores com experiência prática – atributo que aumenta a produtividade e

### Tabela 3. Impacto estimado da COVID-19 sobre a pobreza
*(Em milhões)*

| Fonte | Variação no índice de pobreza extrema (menos de US$ 1,90 por pessoa por dia) ALC | Variação no índice de pobreza (menos de US$ 5,50 por pessoa por dia) | | | | | | | | |
|---|---|---|---|---|---|---|---|---|---|---|
| | | | Argentina | | Brasil | | Colômbia | | México | |
| | | ALC | COVID-19 | COVID-19 + Assistência | COVID-19 | COVID-19 + Assistência | COVID-19 | COVID-19 + Assistência | COVID-19 | COVID-19 + Assistência |
| Monitor Fiscal de outubro 2020 | 14.7 | | | | | | | | | |
| Banco Mundial (junho de 2020) | | 18–35 | 1,48 | | 6,86 | | 2,66 | | 9,21 | |
| CEPAL (julho de 2020) | | 44 | | | | | | | | |
| Lustig et. al (2020) | | | 1,4–2,0 | 0,5–1,7 | 9,3–13,9 | (0,4)–5,3 | 2,5–2,9 | 2,2–2,7 | 10,1–11,2 | n.a. |

Fontes: CEPAL (2020); Lustig et al. (2020); Banco Mundial (2020).
Nota: Cada estimativa reflete premissas diferentes sobre as taxas de crescimento de referência e a incidência da crise ao longo da distribuição de renda. Além disso, as estimativas estão sujeitas a um grau de incerteza maior, dependendo da evolução da pandemia, patamares de pobreza definidos, perspectivas de crescimento e reações de política fiscal. As estimativas do Banco Mundial para a ALC são relativas à quantidade de pessoas em situação de pobreza em um cenário alternativo, sem pandemia. As diferenças nacionais específicas do Banco Mundial são relativas à quantidade de pessoas em situação de pobreza em 2019. ALC = América Latina e Caribe; COVID-19 = doença do coronavírus.

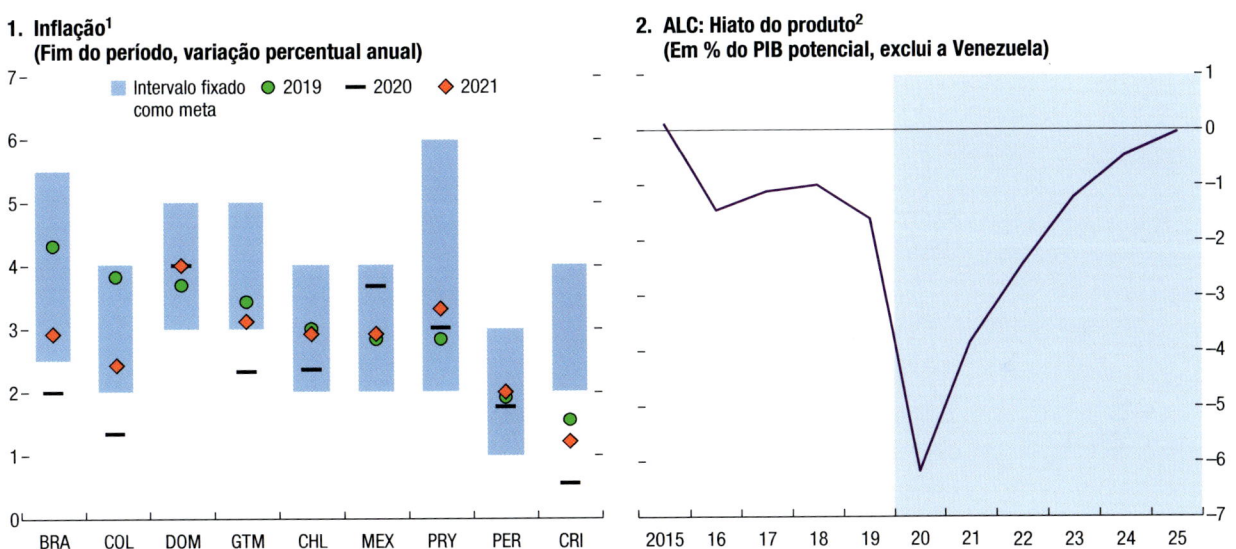

### Gráfico 13. Projeções de inflação

1. Inflação[1]
(Fim do período, variação percentual anual)

2. ALC: Hiato do produto[2]
(Em % do PIB potencial, exclui a Venezuela)

Fontes: FMI, base de dados WEO; autoridades nacionais; e cálculos do corpo técnico do FMI.
Nota: Os rótulos de dados usam os códigos de países da Organização Internacional para Normalização (ISO). ALC = América Latina e Caribe.
[1] Inclui países que adotam o regime de metas de inflação.
[2] Média ponderada pelo PIB-PPC.

aqueles destinados a preservar o emprego formal e as empresas viáveis. Em contrapartida, é provável que os países onde o apoio tenha sido limitado pelo espaço fiscal e pela falta de acesso ao mercado sofram um impacto maior sobre o PIB potencial. Ainda assim, a preservação excessiva de empregos e empresas por meio do apoio fiscal a setores que permanecerão deprimidos durante a recuperação pode impedir as transformações estruturais que as economias dinâmicas necessitam, dificultando bastante a avaliação das alternativas de intervenção de política econômica (Blanchard, Philippon e Pisani-Ferry 2020).

## Riscos para as perspectivas

Os riscos para as perspectivas continuam inclinados para o lado negativo. As dúvidas sobre a evolução da pandemia constituem uma fonte de risco importante. A recuperação gradual da atividade

**Gráfico 14. Sequelas a longo prazo**

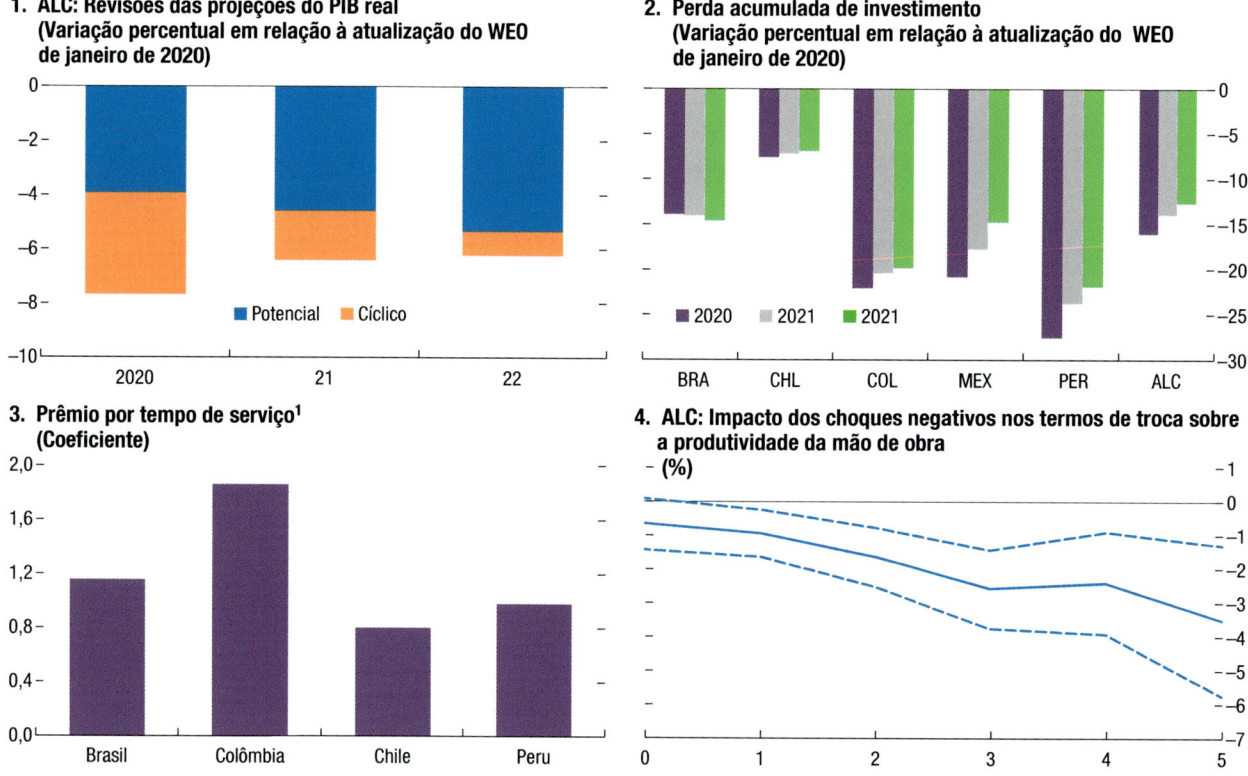

Fontes: FMI, base de dados WEO; base de dados de levantamentos harmonizados do Banco Interamericano de Desenvolvimento; e cálculos do corpo técnico do FMI.
Nota: Os rótulos de dados usam os códigos de países da Organização Internacional para Normalização (ISO). ALC = América Latina e Caribe:
[1] As barras são os coeficientes para o logaritmo dos anos de serviço a partir de uma regressão de Mincer do logaritmo dos salários horários. Os controles adicionais incluem escolaridade, gênero, idade e efeitos setoriais fixos.

econômica considerada no cenário de referência poderia ser interrompida por novos surtos que levassem a um endurecimento das medidas de contenção ou a um novo golpe na demanda para os setores de contato intenso. Além disso, é provável que a intensificação da pandemia seja associada a um aperto nas condições financeiras, o que amplificaria o impacto negativo sobre a atividade em um *cenário adverso* (Quadro 1.1 do WEO de outubro de 2020). As melhorias no tratamento e o desenvolvimento precoce de uma vacina poderiam melhorar as perspectivas em um *cenário mais benigno*. Outros riscos externos e internos são discutidos a seguir.

## Riscos externos

Um crescimento global medíocre e uma desaceleração no comércio internacional poderiam enfraquecer a recuperação da ALC. Este risco poderia se materializar caso os países apertem rapidamente sua postura de política monetária ou se voltem para políticas protecionistas (WEO de outubro de 2020) Uma escalada das tensões geopolíticas também poderia reduzir o crescimento global e aumentar a volatilidade do preço das commodities. Esses fatores poderiam corroer o apetite pelo risco global e reduzir os fluxos de capital para a região.

## Riscos regionais e internos

Um declínio mais prolongado na atividade econômica poderia apertar ainda mais as condições financeiras e exacerbar os problemas de dívida e captação nos setores soberano e empresarial da região. As vulnerabilidades estão aumentando nesses setores e as pressões de liquidez podem se transformar em insolvências, particularmente se a recuperação for protelada (GFSR de outubro de 2020).

Níveis elevados de endividamento soberano poderiam conduzir à deterioração das classificações de crédito e à retomada das pressões sobre os mercados locais de obrigações. Déficits fiscais elevados e contrações acentuadas no PIB levarão a picos nos índice de dívida sobre o PIB (Gráfico 15, painel 1). Embora o cenário de referência preveja a estabilização do endividamento com a retomada do crescimento em 2021, as preocupações dos participantes do mercado em relação à sustentabilidade fiscal poderiam se agravar em um cenário adverso, resultando no rebaixamento das classificações de crédito e aumento dos custos de financiamento. Elas poderiam também reduzir o interesse dos participantes estrangeiros, restringindo a capacidade dos governos para atender às necessidades de financiamento. Nesse caso, os investidores e bancos locais comprariam títulos públicos em detrimento das emissões privadas. Como apresentado no painel 2 do Gráfico 15, é provável que, nos países fora do Caribe, as pressões do serviço da dívida sejam maiores nos mercados locais do que nos mercados externos.

Dificuldades nos setores empresarial e financeiro representam outra fonte de risco na ALC. O impacto negativo do choque da COVID-19 foi maior em diversas empresas de grande porte da ALC do que nas de outras regiões (Gráfico 16). Entretanto, espera-se que as PME sintam os maiores efeitos. No Brasil, pesquisas empresariais conduzidas em agosto de 2020 mostraram que a parcela de pequenas empresas que informaram queda de vendas foi maior que a de empresas de grande porte. Em FMI (2020d) mostra-se que a dívida das empresas não financeiras em risco aumentou acentuadamente em 2020 e poderia aumentar ainda mais em 2021 em um cenário adverso. No lado financeiro, o setor bancário da ALC entrou na crise em uma posição sólida, o que limita as preocupações com um eventual risco sistêmico. Todavia, se os riscos para as perspectivas vierem a se concretizar, o aumento das falências e dos empréstimos improdutivos pode criar bolsões de vulnerabilidade que poderiam levar à insuficiência de capital em alguns bancos.

Uma deterioração adicional na atividade econômica poderia levar a novas dispensas e fechamento de empresas, particularmente entre as firmas menores e mais novas (FMI 2020d). Se não forem enfrentados adequadamente, esses fatores poderão aprofundar as cicatrizes e ampliar ainda mais as desigualdades existentes na região, aumentando as perspectivas de novos distúrbios sociais.

Além dos riscos relacionados à pandemia, catástrofes naturais e eventos climáticos extremos também continuam a ser fontes significativas de risco na região. Eles incluem furacões no Caribe e na América Central, bem como terremotos nos países situados no assim chamado "círculo de fogo", uma área em que há um grande número de terremotos e erupções vulcânicas.

## Análise das políticas econômicas regionais

As políticas terão de administrar alternativas difíceis em meio à emergência de saúde, perspectivas socioeconômicas sombrias, riscos significativos e desequilíbrios fiscais cada vez maiores. As prioridades continuam sendo conter a propagação do vírus e solucionar a crise de saúde. As políticas de curto prazo devem continuar focadas na recuperação. O processo de reabertura gradual poderia ser facilitado por medidas destinadas a tornar os locais de trabalho mais seguros e melhorar o acesso às tecnologias digitais.

No curto prazo, o apoio fiscal deve ser mantido para proteger a recuperação econômica incipiente (FMI 2020c). Contudo, tal apoio deve ser acompanhado de compromissos explícitos e claramente comunicados para consolidar e reconstruir as margens de segurança no médio prazo. Nesse contexto, as regras fiscais desempenharão um papel importante. Os países onde as regras fiscais foram suspensas devido à crise devem comunicar claramente o compromisso de restabelecê-las, condicionado ao estado da recuperação. Para dar credibilidade aos planos de médio prazo e criar espaço fiscal, os países também poderiam considerar a aprovação de legislação, como a pré-aprovação de futuras reformas fiscais, para garantir que o ajuste gradual ocorra uma vez que a recuperação esteja bem encaminhada.

## Gráfico 15. Perspectivas da dívida pública

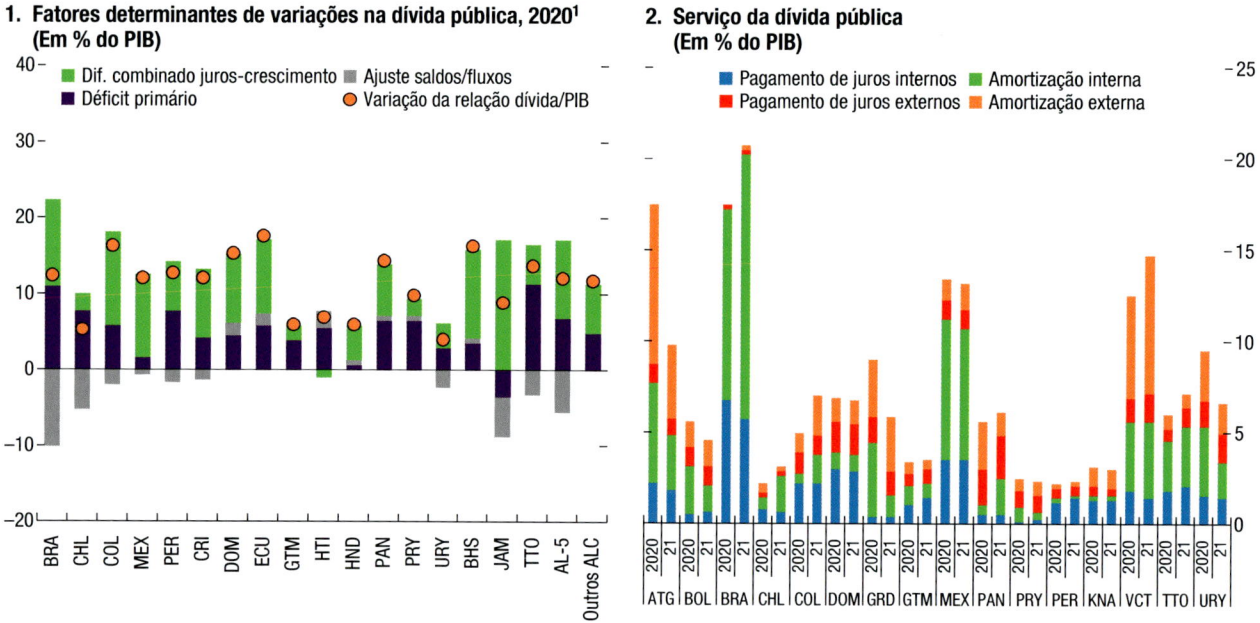

Fontes: FMI, base de dados WEO; e cálculos do corpo técnico do FMI.
Nota: Os rótulos de dados usam os códigos de países da Organização Internacional para Normalização (ISO). ALC = América Latina e Caribe, AL-5 = Brasil, Chile, Colômbia, México e Peru.
[1] Diferencial entre a taxa de juros real e o crescimento, ajustado pelas oscilações cambiais. Ajustes saldos/fluxos são uma categoria residual, que normalmente captura fatores episódicos. Por exemplo, no caso do Brasil eles capturam em parte o uso das reservas de caixa para reduzir a necessidade de novas emissões de dívida. Os agregados são médias ponderada pelo PIB em dólares nominais no exercício financeiro. "Outros ALC" inclui os países apresentados no gráfico, exceto os países do AL-5.

## Gráfico 16. Evolução dos setores empresarial e financeiro

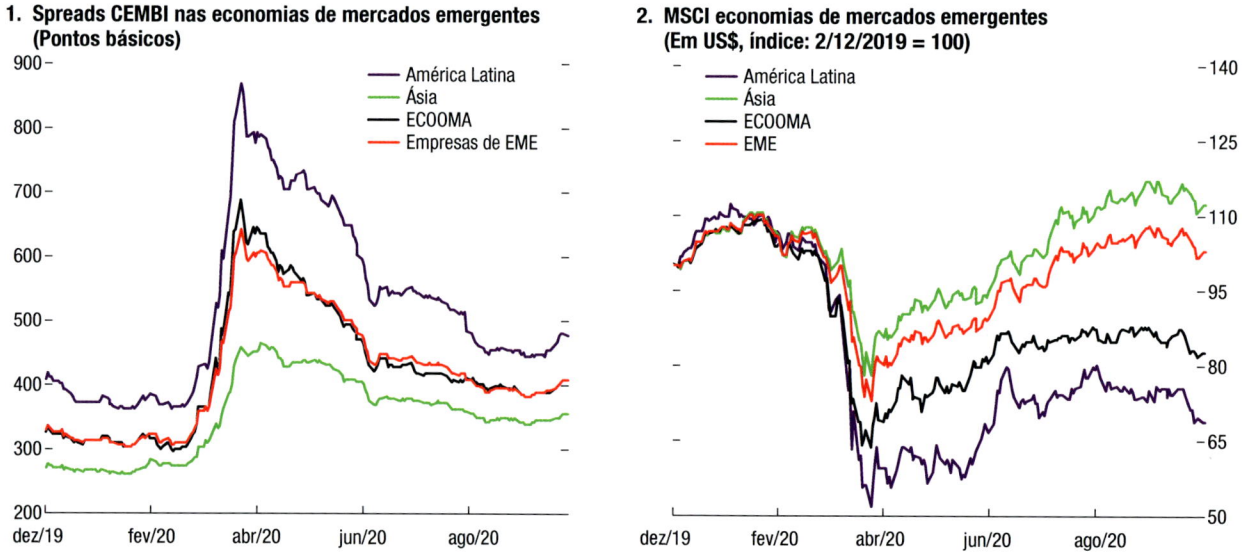

Fontes: Bloomberg Finance L.P.; e cálculos do corpo técnico do FMI.
Nota: CEMBI = Índice Corporate Emerging Markets Bond; ECOOMA = Europa Central e Oriental, Oriente Médio e África; EOMA = Europa, Oriente Médio e África; EME = economias de mercados emergentes; MSCI = Morgan Stanley Capital International.

Nos países onde a atividade está aumentando e o isolamento social está sendo flexibilizado, os auxílios emergenciais devem ser desativados paulatinamente, evitando quedas repentinas na renda, especialmente entre os mais vulneráveis. Quando houver espaço fiscal disponível, os governos poderão fornecer um estímulo de base ampla, por exemplo, implementando reduções temporárias dos impostos e contribuições incidentes sobre a folha de pagamento (abrangendo funcionários existentes e novas contratações) para incentivar as empresas a contratar e impulsionando os investimentos públicos. Não obstante, nos países com espaço fiscal mais limitado, conforme os governos reduzam os auxílios emergenciais, a prioridade deverá ser a preservação das medidas com maior impacto social e o aumento da eficiência dos gastos, juntamente com a mobilização das receitas.

Ademais, os países podem estimular realocações baseadas no mercado decorrentes da crise, eliminando as regulamentações complexas existentes. A revisão da legislação em vigor poderia dar um apoio adicional à recuperação. Por exemplo, o relaxamento das barreiras de entrada (que favorecem as empresas existentes em detrimento dos possíveis novos concorrentes) e das rigidezes do mercado de trabalho (que desestimulam as contratações) poderia impulsionar a recuperação.

A política monetária pode ajudar a atenuar o impacto da redução dos estímulos ficais, por meio tanto de instrumentos tradicionais como de medidas não convencionais. As expectativas de uma inflação estável e de hiatos do produto persistentemente negativos sugerem que as políticas monetárias devem continuar flexíveis na ALC. Pode ser necessário combinar taxas de política monetária baixas com intervenções nos mercados cambiais e de títulos de dívida em caso de aperto nas condições financeiras. Programas de compra de ativos poderiam ajudar os países que atingiram o limite inferior efetivo da taxa de juros para afrouxar as condições financeiras, reduzindo os prêmios de prazo e achatando a curva de rendimentos. Contudo, eles devem ser combinados com uma estratégia de comunicação clara para evitar danos à credibilidade e não devem dificultar o desenvolvimento dos mercados de capitais locais e o crescimento de uma base estável e diversificada de investidores locais. Além disso, os programas de compra de ativos devem ser temporários e contar com estratégias de saída claras, além de ser projetados de forma a se concentrar em ativos negociáveis de alta qualidade e compatíveis com os objetivos do banco central.

As prioridades das políticas irão mudar quando novos medicamentos ou tratamentos médicos (ou ambos) estiverem amplamente disponíveis, a pandemia estiver sob controle e a recuperação, bem encaminhada. A política fiscal precisará então solucionar os efeitos herdados da crise da COVID-19 e reconstruir seu espaço de forma confiável. Isso exigiria um fortalecimento adicional das âncoras de médio prazo e das reformas fiscais estruturais, com vistas a melhorar os estabilizadores automáticos, preservar o investimento público (simultaneamente ao aprimoramento da gestão desses investimentos), a progressividade fiscal e a equidade na composição e qualidade dos ajustes fiscais. Por exemplo, os países da região têm espaço para melhorar o direcionamento de suas redes de segurança social por meio do aprimoramento dos cadastros sociais, o que permitiria uma melhor identificação das famílias vulneráveis e poderia gerar economias sem prejudicar os grupos vulneráveis (Gráfico 17).

A regulamentação financeira precisará solucionar o legado da crise. Com a recuperação da atividade econômica, os bancos precisarão reconstruir suas reservas de capital para assegurar a estabilidade financeira no médio prazo. Os países terão que enfrentar o problema da dívida privada e identificar quais empresas são viáveis no novo contexto interno e global e quais não são. Para as primeiras, a reestruturação da dívida pode ser essencial para recompor os balanços. Soluções padrão de reestruturação e incentivos poderiam ajudar a agilizar esse processo. Podem ser necessárias estruturas extrajudiciais para tratar do volume elevado de casos. No caso de empresas inviáveis, serão necessárias estruturas de falência eficientes e equitativas, que distribuam as perdas entre os investidores, credores, proprietários, trabalhadores e governo.

Incrementar o crescimento e o emprego no longo prazo se tornou ainda mais premente desde o

**Gráfico 17. Programas de redes de segurança social**
*(%)*

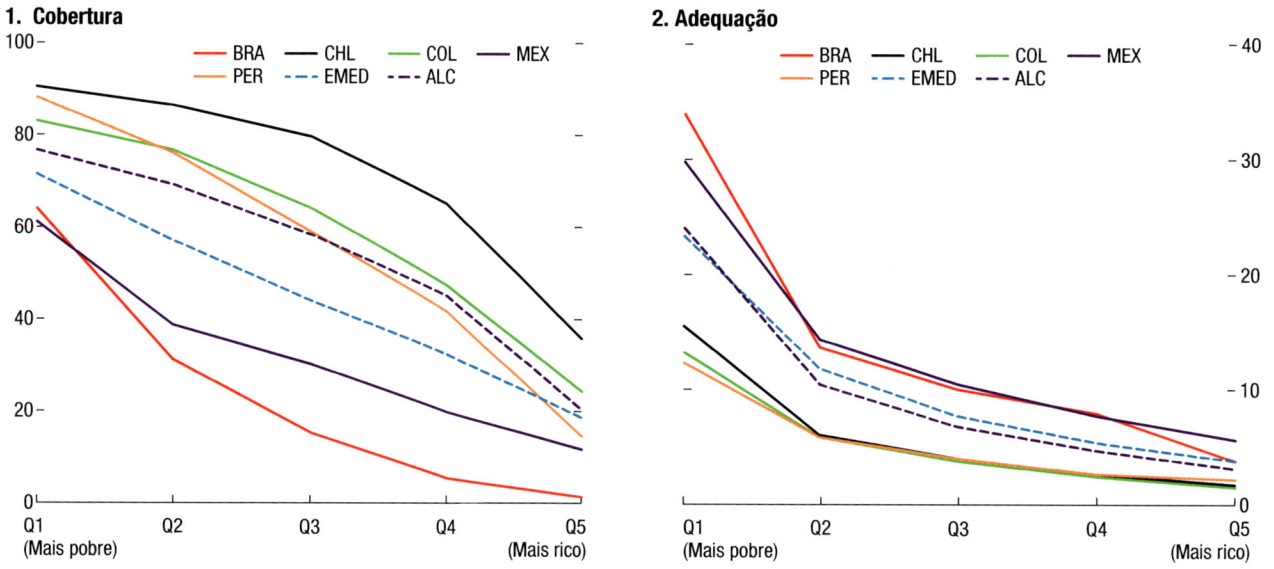

Fontes: Cálculos do corpo técnico do FMI.
Nota: A cobertura mede a porcentagem do quintil que recebe um benefício de rede de segurança social. A adequação dos benefícios mede o montante total de transferências recebido por todos os beneficiários no quintil como um percentual do total rendimentos e gastos dos beneficiários antes das transferências (naquele quintil). Os cálculos são baseados em informações anteriores à COVID-19. Os anos são os seguintes: BRA, CHL (2015); COL, MEX, PER (2014); ALC, EMED (cerca de 2015). As linhas pontilhadas da ALC e das EMED referem-se à mediana. Os rótulos de dados usam os códigos de países da Organização Internacional para Normalização (ISO). ALC = América Latina e Caribe; COVID-19 = doença do coronavírus; EMED = economias de mercados emergentes e em desenvolvimento.

início da crise da COVID-19. A ALC entrou na pandemia com lacunas claras na infraestrutura e na produtividade. Investimentos em infraestrutura e tecnologias verdes poderiam ajudar a reduzir essa defasagem como parte de uma redefinição das prioridades de gastos do governo (WEO de outubro de 2020). Entretanto, esses esforços devem ser complementados por uma agenda abrangente de reformas estruturais, que trate da regulamentação dos mercados de produtos e de trabalho para facilitar a realocação de recursos dos setores poluidores para os verdes.

Políticas que protejam a renda e o emprego dos mais vulneráveis devem acompanhar as reformas estruturais voltadas para o crescimento, particularmente num momento em que se espera um aumento das desigualdades e da pobreza. Redes de segurança mais fortes, que se concentrem na redução da pobreza, e incentivos para o aprimoramento do capital humano devem continuar a desempenhar o papel de amortecedor. Contudo, os países têm agora a oportunidade de embarcar em uma estratégia mais ampla para abordar seus objetivos sociais. Uma nova geração de redes e programas de segurança social que assegurem melhor acesso a serviços públicos básicos, educação, saúde e mercados formais poderia reforçar a coesão social e ajudar a preparar a região para as mudanças em curso na economia global (como a automação e o uso de inteligência artificial nos processos produtivos). Abordar dessa forma os problemas sociais poderia tornar os avanços sociais da ALC mais resistentes a choque econômicos, inclusive aqueles associados à mudança climática (FMI 2020b, 2020c).

## Quadro 1. Reestruturação da dívida soberana na Argentina e no Equador[1]

*Argentina e Equador reestruturam as suas dívidas com êxito em 2020 em meio a preocupações crescentes com a sustentabilidade da dívida e pressões de financiamento.*

**Argentina:** Após apresentar ofertas de reestruturação da dívida em abril e julho, a Argentina chegou a um acordo com os seus principais credores externos em agosto. A complexa reestruturação de US$ 65 bilhões em títulos estrangeiros, inclusive 35 títulos diferentes emitidos nos termos de duas escrituras distintas (com cláusulas de ação coletiva (CAC) antigas e reforçadas) e em múltiplas moedas, foi concluída no dia 4 de setembro com a adesão de 99% dos credores após a aplicação das CAC (94,6% aceitaram a proposta). Paralelamente, no dia 21 de setembro, foram reestruturados US$ 15,2 bilhões em títulos nacionais denominados em moeda estrangeira, com a adesão de 99,4% dos titulares, com termos e condições similares. As reestruturações da dívida não envolveram nenhum programa apoiado pelo FMI.

**Equador:** Em meio à crise da COVID-19, o Equador deu início a uma reestruturação dos seus títulos internacionais, no valor de US$ 17,4 bilhões, em termos favoráveis ao mercado, finalizando-a em 31 de agosto com a adesão de 100% dos credores após a aplicação das CAC (98% aceitaram a proposta). Um acordo sobre um programa do FMI – uma condição prévia para a conversão da dívida – foi alcançado com o corpo técnico da instituição no dia 28 de agosto.

Detalhes dos acordos referentes à dívida: 1) uma pequena redução de US$ 1,6 bilhão no valor principal nominal na Argentina e de US$ 1,5 bilhão no Equador; 2) um aumento no prazo médio ponderado de vencimento de 7,9 anos para 11 anos na Argentina e de 6,1 anos para 12,7 anos no Equador; 3) uma redução no cupom médio ponderado de 6,5 para 3,2% na Argentina e de 9,2 para 5,3% no Equador; 4) uma carência média ponderada de 6,9 anos na Argentina e 6 anos no Equador; assim como 5) pagamentos muito reduzidos de juros anuais entre 2021 e 2024, com uma média de 0,25% do PIB na Argentina e 0,35% do PIB no Equador, e 6) títulos de juros atrasados de longo prazo no valor de US$ 3,5 bilhões na Argentina e US$ 1 bilhão com descontos (haircuts) nominais no Equador. Ambas as reestruturações apresentaram inovações jurídicas destinadas a incentivar a adesão dos credores, como cláusulas que limitam a possibilidade de abusos de votação (FMI 2020e).

### Gráfico 1.1 do Quadro. Reestruturação da dívida

**1. Serviço da dívida antes e depois da reestruturação**
(Em bilhões de US$; antes: linha sólida; depois: linha pontilhada)

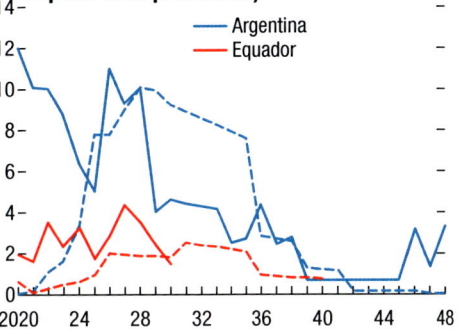

**2. Preços dos títulos[1]**

Em US$ (títulos antigos: linha sólida; títulos novos: linha pontilhada)

Índice: Data da reestruturação da dívida = 100)

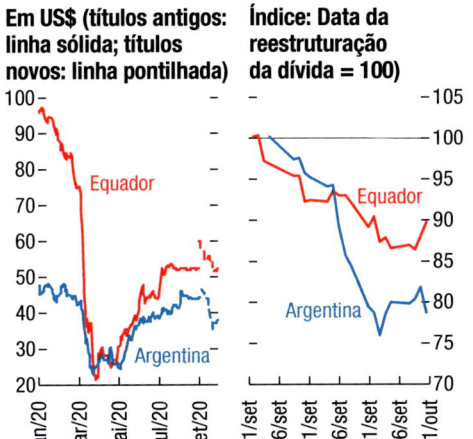

Fontes: Bloomberg Finance L.P.; autoridades nacionais; e cálculos do corpo técnico do FMI.
[1] As datas da reestruturação são as seguintes: Argentina (4 de setembro de 2020) e Equador (1º de setembro de 2020).

---

Este quadro foi elaborado por Matteo Ghilardi e Michael Perks.
[1] O governo da Argentina anunciou a sua intenção de lançar o processo de restruturação da dívida em dezembro de 2019, e o governo do Equador anunciou o início do processo de restruturação em abril de 2020.

**Quadro 1.** *(conclusão)*

As reestruturações da dívida oferecem um alívio de liquidez significativo na próxima década (US$ 33,3 bilhões para a Argentina e US$ 16,4 bilhões para o Equador) e deverão reduzir a dívida pública em relação ao PIB em 40% na Argentina e 45% no Equador. Os preços dos títulos se recuperaram no período de preparação para as reestruturações, mas caíram desde então, refletindo, em parte, as incertezas relacionadas às políticas econômicas internas.

**Tabela 1.1 do Quadro. Operações selecionadas de reestruturação de dívida**
*(Em bilhões de US$; salvo indicação em contrário)*

|  | Argentina | Equador |
|---|---|---|
| Dívida pública (fim de 2019)[1] | 206,5 | 55,7 |
| Dívida pública (fim de 2019; em % do PIB)[1] | 56,2 | 51,8 |
| Dívida sujeita a reestruturação | 80,2 | 17,4 |
|    Legislação internacional | 65,0 | 17,4 |
|    Legislação nacional[2] | 15,2 | ... |
| Alívio do fluxo de caixa, 2020–30 | 33,3 | 16,4 |
| Valor de recuperação (em %, taxa de desconto de 10%) | 55,1 | 55,0 |
| Títulos de dívida reestruturados |  |  |
|    Notação[3] | CCC+ | B− |
|    Preço[4] | 45–52 | 49–74 |
|    Rendimento (média ponderada) | 11–12 | 9,6 |

Fontes: Autoridades nacionais; e cálculos do corpo técnico do FMI.
[1]Em relação à Argentina, exclui dívidas de responsabilidade de outras entidades do setor público.
[2]Em relação à Argentina, exclui US$ 3 bilhões em dívidas em moeda estrangeira convertidas em moeda nacional.
[3]Standard & Poor's.
[4]Inclui títulos de juros atrasados (PDI). No caso do Equador, o valor dos PDI refere-se a 1° de setembro, refletindo o desconto (haircut) nominal. No caso da Argentina, os PDI referem-se a 4 de setembro de 2020.

## Anexo 1. A COVID-19 na América Latina e Caribe[1]

A América Latina impôs o confinamento logo, quando a quantidade total de casos ainda era baixa. As restrições à circulação foram rigorosas, e a mobilidade despencou durante algum tempo. Contudo, os confinamentos na América Latina não foram totalmente eficazes, e a mobilidade começou a aumentar mesmo antes do relaxamento das restrições e enquanto os novos casos e mortes continuavam a crescer. Assim, a quantidade de óbitos aumentou gradualmente, resultando em um padrão de "fogo baixo", em contraste com a explosão rápida das infecções que ocorreu na Europa. Fatores estruturais, como um alto nível de pobreza e informalidade, aglomeração urbana, capacidade reduzida do Estado e falta de recursos fiscais, sistemas de saúde deficientes e a insuficiência de testes e rastreamento, contribuíram para as dificuldades enfrentadas pela região para conter a pandemia e continuam a representar desafios para a reabertura. Por exemplo, estimativas baseadas no método de projeções locais indicam que, nos países com baixo nível de informalidade/alto nível de efetividade governamental, a quantidade total de casos 30 dias após a adoção de medidas de contenção aumenta a um ritmo cerca de 75/65% mais lento em comparação com países similares que não implantaram tais medidas (Gráfico 1.1 do Anexo). Em contraste, países com alto nível de informalidade/baixo nível de efetividade governamental, que impõem medidas de contenção, registram um aumento ou nenhuma variação no total de casos em relação aos comparadores.

A análise realizada pelo corpo técnico do FMI também sugere que a alta mortalidade total na América Latina pode estar ligada à insuficiência de capacidade hospitalar, à alta densidade populacional e, em alguns casos, ao tamanho da população de uma maneira geral e à localização geográfica do país, enquanto uma demografia mais favorável e a

**Gráfico 1.1 do Anexo. Determinantes da eficácia das medidas de contenção**

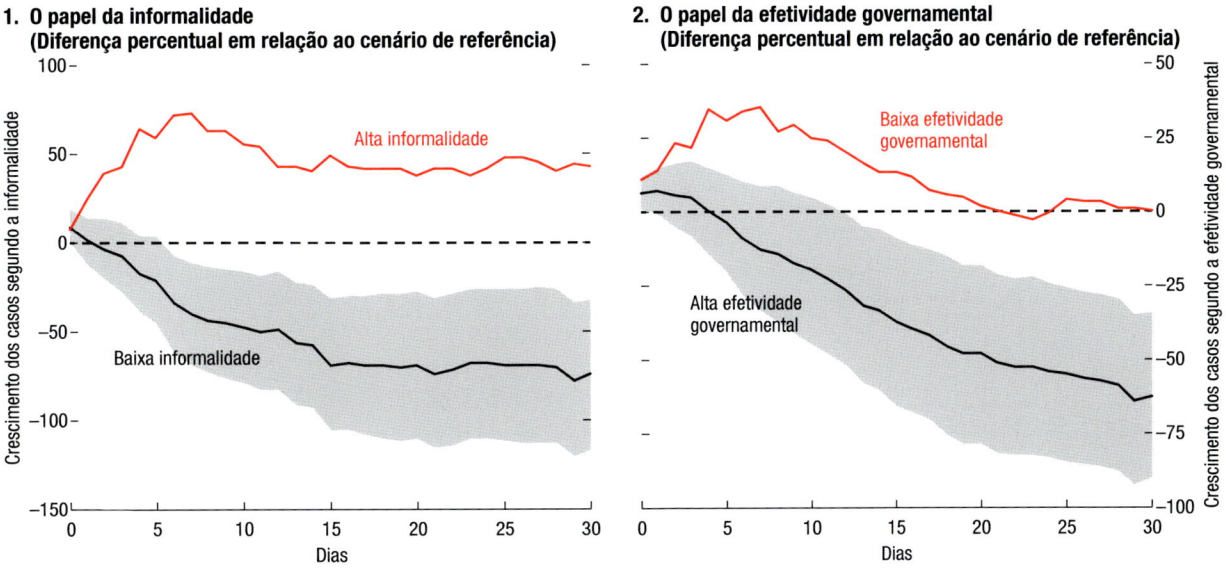

Fonte: Cálculos do corpo técnico do FMI.
Nota: A área sombreada refere-se ao intervalo de confiança de 90%. A linha pontilhada refere-se ao cenário de referência. COVID-19 = doença do coronavírus.

[1]Este anexo baseia-se em FMI (2020a), elaborado por Bas Bakker (colíder), Carlos Gonçalves (colíder), Carlo Pizzinelli, Pedro Rodríguez, Mauricio Vargas e Dmitry Vasilyev.

vacinação BCG (contra a tuberculose) têm ajudado a reduzir a quantidade total de óbitos na região (Tabela 1.1. do Anexo).

O período prolongado de mobilidade reduzida causou um impacto adverso importante na atividade econômica. A queda na mobilidade e o correspondente declínio da atividade econômica não foram apenas o resultado de confinamentos determinados por políticas, mas também da mudança de comportamento em reação à pandemia. Contudo, a análise quantitativa sugere que o impacto das medidas de isolamento e das quarentenas autoimpostas induzidas pela rápida propagação da doença têm diminuído no decorrer do tempo (FMI 2020a).

**Tabela 1.1. do Anexo. Correlatos do total de mortes**
*(Variável dependente: total de mortes por milhão)*

|  | 30 de maio | 30 de agosto |
|---|---|---|
| População acima de 70 anos | 14,8*** | 15,7*** |
|  | (2,93) | (4,73) |
| Variável fictícia de BCG | −117*** | −107*** |
|  | (30,9) | (47,6) |
| Leitos hospitalares por 10 mil pessoas | −12,5 | −14,3 |
|  | (5,14) | (7,10) |
| Log (população total) | 10,20* | 20,05** |
|  | (2,68) | (8,90) |
| Variável fictícia da ALC | n.s. | 153,2*** |
| Constante | S | S |
| $R^2$ | 0,35 | 0,27 |
| Número de países | 152 | 124 |
| Número de países na ALC | 22 | 17 |

Fonte: Cálculos do corpo técnico do FMI.
Nota: A densidade populacional não é significativa ao nível dos países, mas é significativa ao nível dos municípios. A latitude, que é difícil de controlar em regressões ao nível dos países, é significativa em regressões que utilizam dados dos municípios (FMI 2020a). Os erros-padrão estão entre parênteses. BCG = Bacillus Calmette–Guérin; ALC = América Latina e Caribe. S = sim.
* $p = 0{,}1$; ** $p = 0{,}05$; *** $p = 0{,}01$.

## Anexo 2. Mercados de trabalho na América Latina durante a COVID-19[1]

A pandemia do coronavírus tem causado um impacto extremo nos mercados de trabalho, e as perdas de empregos ocorreram de forma irregular entre a população da ALC (FMI 2020b). A queda do emprego foi mais acentuada entre as mulheres, sobretudo no Brasil, Colômbia e Peru (Gráfico 2.1 do Anexo, painel 1). Os trabalhadores jovens e os mais idosos foram mais afetados do que aqueles da faixa etária de 25 a 60 anos (Gráfico 2.1 do Anexo, painel 2). Da mesma forma, trabalhadores com nível terciário de educação sofreram reduções menores no emprego. No Brasil e Chile, em junho os níveis de emprego nesse grupo já haviam voltado aos níveis anteriores à pandemia (Gráfico 2.1 do Anexo, painel 3). A redução pronunciada do emprego informal está relacionada a esse padrão – exceto na Colômbia, o emprego informal caiu a um ritmo mais acelerado do que o emprego formal (Gráfico 2.1 do Anexo, painel 4).

O impacto irregular do choque acompanha as diferenças de exposição entre os tipos de trabalhadores e destaca as consequências de distribuição da pandemia. As profissões com contato mais intenso são mais comuns entre as mulheres e os trabalhadores informais, e a capacidade de trabalho remoto é mais prevalente entre os trabalhadores formais e altamente capacitados. A ligação entre perdas de empregos e o nível de formação e a informalidade ressalta a natureza regressiva do choque, pois o baixo nível de formação e a informalidade são mais comuns nas famílias pobres e vulneráveis.

**Gráfico 2.1 do Anexo. Variações do emprego por características do trabalhador**
*(Em %; de fevereiro a junho de 2020)*

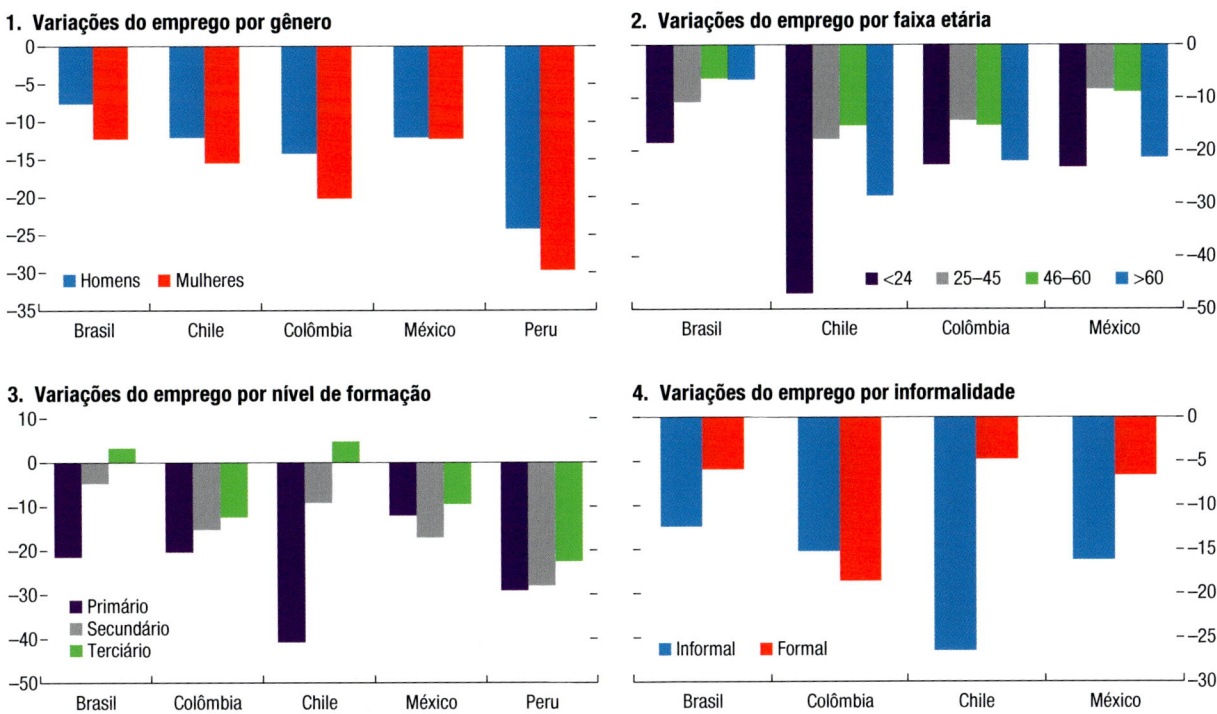

Fontes: Órgãos nacionais de estatística; e cálculos do corpo técnico do FMI.
Nota: No caso do México, as variações referem-se a junho em relação ao primeiro trimestre de 2020. No caso do Brasil, as faixas etárias são: menos de 24 anos, 25–40, 41–60 e mais de 60 anos. Os dados do Peru referem-se a Lima; não há dados disponíveis sobre informalidade.

[1] Este anexo baseia-se em FMI (2020b), elaborado por Takuji Komatsuzaki, Carlo Pizzinelli, Samuel Pienknagura (colíder), Jorge Roldós (colíder) e Frederik Toscani.

## Anexo 3. Política fiscal durante uma pandemia: como foi o desempenho da América Latina e Caribe?[1]

Os governos da região da América Latina e Caribe (ALC) anunciaram pacotes de apoio fiscal na esteira da pandemia, equivalentes, em média, a 8% do PIB. Esse número inclui medidas acima da linha e medidas abaixo da linha e extraorçamentárias. Simulações baseadas em um modelo estrutural (FMI 2020c) mostram que essas medidas excepcionais estão desempenhando um papel fundamental na mitigação dos efeitos da pandemia (Gráfico 3.1 do Anexo). As simulações estabelecem distinções entre vários componentes dos pacotes fiscais e seus multiplicadores. Embora as evidências sugiram que os multiplicadores tendam a ser maiores durante crises, em contraste a períodos "normais", a pandemia do coronavírus é um choque diferente. Há indicações de quedas expressivas na produção, o que sinalizaria a necessidade de políticas fiscais mais robustas. Contudo, a pandemia também causou perturbações no lado da oferta, o que sugeriria um impacto mais moderado da política fiscal. Isso ocorre porque o fechamento de setores atenua alguns dos efeitos tradicionais da política fiscal, pois a propensão média a consumir é menor e não há efeitos de segunda ordem.

Com essas ressalvas, as simulações mostram que os efeitos das medidas fiscais acima da linha no PIB real são consideráveis, equivalendo a um aumento aproximado de 5% em relação ao cenário de referência sem apoio fiscal. A dívida em relação ao PIB aumenta cerca de 2 pontos percentuais em comparação com o cenário de referência dentro de um ano. Os efeitos se dissipam a médio prazo, pois se espera que as economias suspendam o estímulo e embarquem em consolidações parciais. O impulso inicial à atividade materializa-se com um salto no consumo como resultado do aumento nas transferências das medidas de apoio à renda, enquanto os pacotes fiscais – com o apoio da

[1]Este anexo baseia-se em FMI (2020c), elaborado por Ali Alichi (líder), Antonio David, Metodij Hadzi-Vaskov, Keiko Honjo, Roberto Perrelli e Mehdi Raissi, sob a orientação de Hamid Faruqee.

### Gráfico 3.1 do Anexo. Efeitos das medidas de combate à COVID-19

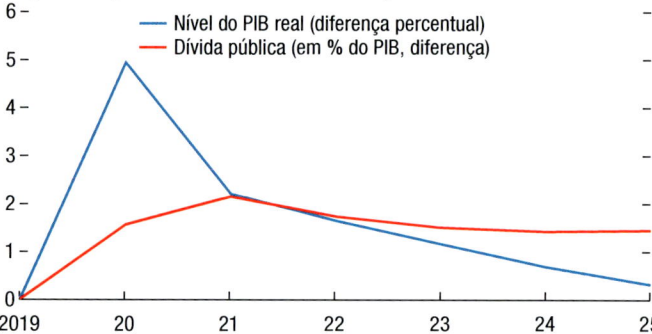

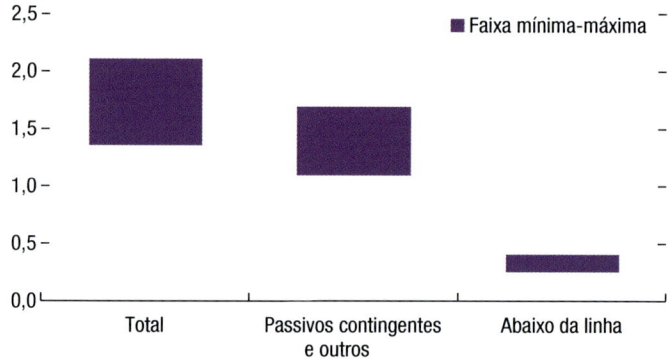

Fontes: FMI (2020c); autoridades nacionais; e cálculos do corpo técnico do FMI.
Nota: Com base em simulações de modelos e estimativas do corpo técnico do FMI. ALC = América Latina e Caribe.

acomodação monetária – injetam um estímulo considerável por meio de investimentos nos últimos anos das simulações.

As estimativas também sugerem que as medidas abaixo da linha e extraorçamentárias poderiam agregar entre 1 e 2 pontos percentuais aos níveis do PIB real. O efeito combinado das medidas acima da linha e abaixo da linha, caso sejam plenamente implementadas, seria considerável, elevando o PIB real em cerca de 6% a 7% na América Latina e Caribe dentro de um ano em relação à ausência destas.

As recomendações de política fiscal para enfrentar os desafios em todos os diferentes estágios da pandemia são discutidas em detalhes em FMI (2020c). À medida que os confinamentos terminem, com incertezas acerca da evolução da pandemia, as ações fiscais poderiam concentrar-se na retirada progressiva das medidas de auxílio emergencial. Nesse estágio, e havendo espaço fiscal, um estímulo amplo poderia apoiar a recuperação, mas qualquer apoio adicional deve ser mobilizado com um compromisso claro de realizar ajustes a médio prazo para restaurar a sustentabilidade. Nesse contexto, as regras fiscais terão um papel importante. Além disso, a adoção de leis destinadas a assegurar a consolidação fiscal a médio prazo (como a pré-aprovação de reformas tributárias) também serviria como mecanismo de compromisso. O aperfeiçoamento de estabilizadores automáticos e redes de segurança reforçaria uma recuperação mais inclusiva.

## Anexo 4. Avaliação do impacto da pandemia de COVID-19 nos setores empresarial e bancário da América Latina[1]

A pandemia da COVID-19 está tendo efeitos negativos pronunciados no setor empresarial não financeiro da América Latina e Caribe (ALC). O desempenho das empresas, que já estava debilitado no período anterior à pandemia, com rentabilidade em queda e aumento do endividamento (Gráfico 4.1 do Anexo, painel 1), piorou ainda mais no segundo trimestre de 2020, e espera-se que se mantenha fraco no restante de 2020 e em 2021 (FMI 2020d). A proporção da dívida empresarial em risco, definida como a dívida das empresas cujos lucros antes dos impostos e dos juros são inferiores às despesas com juros, duplicou de 14% em dezembro de 2019 para 29% em junho de 2020, e poderia chegar a quase 50% em 2021 em um cenário adverso, no qual os lucros das empresas não crescem e a despesa com juros aumenta em linha com o aumento da dívida empresarial.

O impacto adverso da pandemia nas empresas não financeiras, em combinação com a profunda recessão econômica e a perda de empregos em grande escala, deverá exercer pressão sobre os sistemas bancários. Os bancos da ALC entraram na pandemia com fundamentos relativamente firmes, amplas reservas de capital e liquidez, assim como baixo volume de empréstimos improdutivos (Gráfico 4.1 do Anexo, painel 2). Embora os indicadores de solidez financeira tenham piorado um pouco no primeiro semestre de 2020, o impacto tem sido moderado até o presente, como reflexo do impacto das políticas adotadas pelo setor financeiro para mitigar o estresse nos balanços patrimoniais dos bancos. Para avaliar o potencial impacto da pandemia no sistema bancário, em FMI (2020d) realiza-se um

[1] Este Anexo baseia-se em FMI (2020d), elaborado por duas equipes: uma composta por Pablo Bejar, Pelin Berkmen (colíder), Farid Boumediene, Kotaro Ishi, Salma Khalid, Takuji Komatsuzaki, Cheng Hoon Lim (colíder) e Dmitry Vasilyev, e a outra formada por Serhan Cevik (colíder), Jaime Guajardo (colíder) e Fedor Miryugin.

### Gráfico 4.1 do Anexo. Vulnerabilidades empresariais e financeiras

1. Alavancagem empresarial na América Latina[1]
   (Dívida/patrimônio; em %)

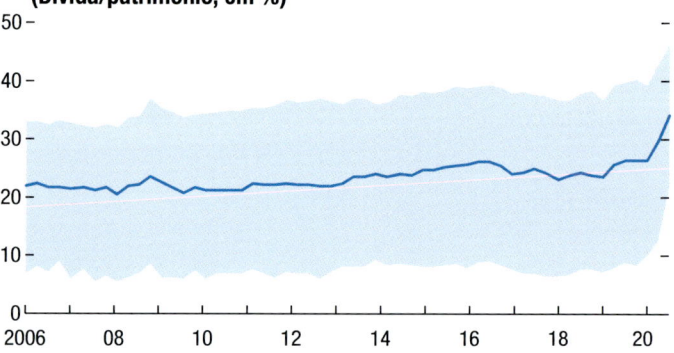

2. Índice de suficiência de capital
   (Em %)

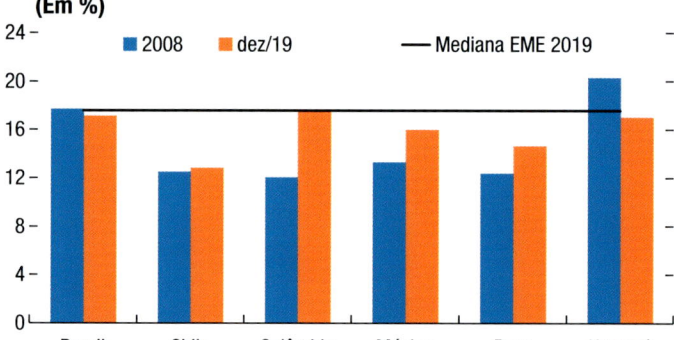

3. Distribuição de ativos bancários por Índice CET1 em um cenário adverso
   (Em % de uma amostra de bancos em cada jurisdição)

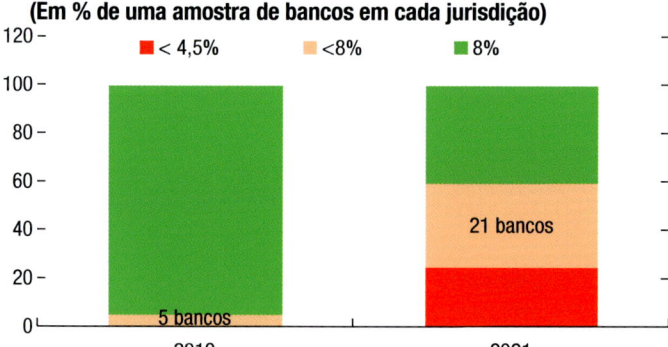

Fontes: Bloomberg Finance L.P.; FMI, base de dados de Indicadores de Solidez Financeira; autoridades nacionais; e cálculos do corpo técnico do FMI.
Nota: CET1 = capital básico Tier 1; EME = economias de mercados emergentes.
[1] Mediana de empresas não financeiras na Argentina, Brasil, Chile, Colômbia, México e Peru. A área sombreada refere-se à faixa entre os percentis 25 e 75.

simples teste de estresse de solvência, prospectivo e de cima para baixo, usando o cenário de referência do *World Economic Outlook* (WEO) e cenários adversos, e com base em dados disponíveis ao público para uma amostra de 61 bancos de grande porte nas seis maiores economias da ALC, abrangendo mais de 75% dos ativos bancários em cada jurisdição.

Os resultados do exercício de teste de estresse indicam que, no cenário de referência do WEO, a maioria dos bancos da ALC teria a capacidade de manter os seus coeficientes de capital bem acima dos pisos regulatórios, mesmo que a sua sensibilidade a empréstimos improdutivos e rentabilidade aumente em relação aos padrões históricos. Contudo, no cenário adverso do WEO, bancos mais vulneráveis, com grande volume de empréstimos improdutivos e baixa rentabilidade no início da crise da pandemia, enfrentariam uma deterioração significativa das suas posições de capital, e alguns poderiam ter insuficiência de capital, na ausência de uma política de resposta (Gráfico 4.1 do Anexo, painel 3).

## Anexo 5. Esclarecimentos

Em relação à *Argentina*, as variáveis fiscais e sobre a inflação são excluídas da publicação nos períodos compreendidos entre 2021–25 e 2020–25, respectivamente, uma vez que estão, em grande medida, vinculadas a negociações ainda em curso sobre programas. O índice nacional de preços ao consumidor (IPC) oficial para a Argentina começa em dezembro de 2016. Os dados do IPC da Argentina anteriores a essa data referem-se à Área da Grande Buenos Aires (IPC-GBA, antes de dezembro de 2013), ao IPC nacional (IPCNu, dezembro de 2013 a outubro de 2015), o IPC da Cidade de Buenos Aires (novembro de 2015 a abril de 2016) e IPC-GBA (maio a dezembro de 2016). Devido à comparabilidade limitada dessas séries em razão das diferenças na cobertura geográfica, ponderações, amostragem e metodologia, a inflação média do IPC de 2014–16 e a inflação no final de período de 2015 e 2016 não são apresentadas na edição de outubro de 2020 do World Economic Outlook (WEO). Além disso, as Argentina interrompeu a publicação de dados do mercado de trabalho em dezembro de 2015 e lançou uma nova série a partir do segundo trimestre de 2016.

Os dados fiscais do *Equador* refletem os empréstimos/captações líquidas do setor público não financeiro. Com a assistência técnica do FMI, as autoridades equatorianas estão realizando revisões nos dados fiscais históricos dos empréstimos/captações líquidas do setor público não financeiro no período 2012–17, a fim de corrigir erros estatísticos identificados recentemente na compilação de dados na esfera subnacional e assegurar a consistência entre os dados acima da linha e os dados sobre o financiamento, por subsetor.

A cobertura das séries fiscais da *República Dominicana* é a seguinte: dívida pública, serviço da dívida e resultados dessazonalizados/estruturais do setor público consolidado (que inclui o governo central, o restante do setor público não financeiro e o banco central); as demais séries fiscais referem-se ao governo central.

Desde outubro de 2018, o sistema público de aposentadorias do *Uruguai* vem recebendo transferências sob o amparo de uma nova lei que compensa as pessoas afetadas pela criação do sistema misto de aposentadorias. Esses recursos são contabilizados como receita, de forma compatível com a metodologia do FMI, e também afetam as séries sobre empréstimos/captações líquidas. Consequentemente, os dados e projeções para 2018–21 são afetados por essas transferências, que somaram 1,3% do PIB em 2018 e 1,2% do PIB em 2019 e são estimadas em 0,8% do PIB em 2020, 0,2% do PIB em 2021 e zero a partir de então. Ver Relatório nacional do FMI 19/64.

A cobertura dos dados fiscais do *Uruguai* foi alterada do setor público consolidado para o setor público não financeiro (SPNF) no WEO de outubro de 2019. No Uruguai, a abrangência do SPNF inclui o governo central, governos locais, fundos de seguridade social, empresas estatais não financeiras e o Banco de Seguros del Estado. Os dados históricos foram revistos de forma correspondente. Sob esse perímetro fiscal mais estreito – que exclui o banco central – ativos e passivos detidos pelo SPNF cuja contraparte seja o banco central não são compensados nos dados da dívida. Nesse contexto, os títulos de capitalização emitidos no passado pelo governo para o banco central são agora parte da dívida do SPNF.

Projetar as perspectivas econômicas da *Venezuela*, inclusive com a avaliação dos desdobramentos econômicos passados e presentes como base para as projeções, é uma tarefa complexa, devido à inexistência de discussões com as autoridades (a última consulta do Artigo IV ocorreu em 2004), à compreensão incompleta dos dados apresentados e às dificuldades para interpretar determinados indicadores econômicos divulgados devido à evolução dos acontecimentos econômicos. As contas fiscais incluem o governo central orçamentário, a previdência social, o FOGADE (fundo de garantia de depósitos) e uma amostra de empresas estatais, inclusive a Petróleos de Venezuela, S.A. (PDVSA); os dados de 2018–19 são estimativas do corpo técnico do FMI. Os efeitos da hiperinflação e a escassez de dados divulgados significam que os indicadores macroeconômicos estimados pelo corpo técnico do FMI devem ser interpretados com cautela. Por exemplo, o PIB nominal é estimado supondo que o deflator implícito do PIB aumente em linha com as estimativas de inflação média do corpo técnico do FMI. A dívida pública externa em relação ao PIB é estimada usando as estimativas do corpo técnico do FMI para a taxa média de câmbio no ano. Essas projeções são cercadas por grande incerteza. Os preços ao consumidor da *Venezuela* são excluídos de todos os índices compostos de grupos de países do WEO.

## Tabela 1 do Apêndice. As Américas: Principais indicadores econômicos[1]

| | Crescimento do PIB real (Variação percentual em 12 meses) | | | | | Inflação[2] (Fim de período, em %) | | | | | Saldo da conta corrente externa (Em % do PIB) | | | | |
|---|---|---|---|---|---|---|---|---|---|---|---|---|---|---|---|
| | | | | Projeções | | | | | Projeções | | | | | Projeções | |
| | 2017 | 2018 | 2019 | 2020 | 2021 | 2017 | 2018 | 2019 | 2020 | 2021 | 2017 | 2018 | 2019 | 2020 | 2021 |
| **América do Norte** | 2,3 | 2,8 | 1,9 | −4,9 | 3,3 | 2,6 | 2,2 | 2,1 | 2,1 | 2,2 | −1,9 | −2,2 | −2,1 | −2,0 | −2,0 |
| Canadá | 3,2 | 2,0 | 1,7 | −7,1 | 5,2 | 1,8 | 2,1 | 2,1 | 0,3 | 1,4 | −2,8 | −2,5 | −2,0 | −2,0 | −2,4 |
| México | 2,1 | 2,2 | −0,3 | −9,0 | 3,5 | 6,8 | 4,8 | 2,8 | 3,7 | 2,9 | −1,8 | −2,1 | −0,3 | 1,2 | −0,1 |
| Estados Unidos | 2,3 | 3,0 | 2,2 | −4,3 | 3,1 | 2,2 | 1,9 | 2,1 | 2,1 | 2,2 | −1,9 | −2,2 | −2,2 | −2,1 | −2,1 |
| Porto Rico[3] | −2,7 | −4,9 | 2,0 | −7,5 | 1,5 | 1,2 | 0,6 | 0,5 | −1,6 | 0,6 | ... | ... | ... | ... | ... |
| **América do Sul** | 0,8 | 0,3 | −0,2 | −8,1 | 3,6 | 6,3 | 9,6 | 10,5 | 6,7 | 8,9 | −1,5 | −2,5 | −2,3 | −0,6 | −0,7 |
| Argentina[4] | 2,8 | −2,6 | −2,1 | −11,8 | 4,9 | 24,8 | 47,6 | 53,8 | ... | ... | −4,8 | −5,2 | −0,9 | 0,7 | 1,2 |
| Bolívia | 4,2 | 4,2 | 2,2 | −7,9 | 5,6 | 2,7 | 1,5 | 1,5 | 3,3 | 3,8 | −4,8 | −4,6 | −3,3 | −2,6 | −3,5 |
| Brasil | 1,3 | 1,3 | 1,1 | −5,8 | 2,8 | 2,9 | 3,7 | 4,3 | 2,0 | 2,9 | −0,7 | −2,2 | −2,8 | 0,3 | 0,0 |
| Chile | 1,2 | 4,0 | 1,1 | −6,0 | 4,5 | 2,3 | 2,1 | 3,0 | 2,4 | 2,9 | −2,3 | −3,6 | −3,8 | −1,6 | −2,9 |
| Colômbia | 1,4 | 2,5 | 3,3 | −8,2 | 4,0 | 4,1 | 3,2 | 3,8 | 1,4 | 2,4 | −3,3 | −3,9 | −4,2 | −4,0 | −3,9 |
| Equador | 2,4 | 1,3 | 0,1 | −11,0 | 4,8 | −0,2 | 0,3 | −0,1 | −0,3 | 2,0 | −0,1 | −1,2 | −0,1 | −2,0 | −0,1 |
| Paraguai | 5,0 | 3,4 | 0,0 | −4,0 | 5,5 | 4,5 | 3,2 | 2,8 | 3,0 | 3,3 | 3,1 | 0,0 | −1,0 | −0,7 | 0,0 |
| Peru | 2,5 | 4,0 | 2,2 | −13,9 | 7,3 | 1,4 | 2,2 | 1,9 | 1,8 | 2,0 | −1,3 | −1,7 | −1,4 | −1,1 | −0,3 |
| Uruguai | 2,6 | 1,6 | 0,2 | −4,5 | 4,3 | 6,6 | 8,0 | 8,8 | 9,5 | 7,5 | 0,7 | 0,0 | 0,6 | −1,7 | −3,3 |
| Venezuela[4] | −15,7 | −19,6 | −35,0 | −25,0 | −10,0 | 863 | 130.060 | 9.585 | 6.500 | 6.500 | 6,1 | 8,8 | 8,4 | −4,1 | −4,1 |
| **ACPRD** | 4,2 | 3,8 | 3,2 | −5,9 | 3,6 | 3,5 | 1,6 | 2,5 | 2,0 | 2,6 | −2,0 | −3,1 | −1,2 | −3,1 | −2,9 |
| Costa Rica | 3,9 | 2,7 | 2,1 | −5,5 | 2,3 | 2,6 | 2,0 | 1,5 | 0,5 | 1,2 | −3,3 | −3,3 | −2,4 | −4,5 | −4,1 |
| El Salvador | 2,3 | 2,4 | 2,4 | −9,0 | 4,0 | 2,0 | 0,4 | 0,0 | 0,7 | 1,5 | −1,9 | −4,7 | −2,1 | −4,9 | −4,5 |
| Guatemala | 3,0 | 3,2 | 3,8 | −2,0 | 4,0 | 5,7 | 2,3 | 3,4 | 2,3 | 3,1 | 1,1 | 0,8 | 2,4 | 3,8 | 2,3 |
| Honduras | 4,8 | 3,7 | 2,7 | −6,6 | 4,9 | 4,7 | 4,2 | 4,1 | 3,2 | 4,2 | −0,8 | −5,4 | −1,4 | −2,2 | −2,8 |
| Nicarágua | 4,6 | −4,0 | −3,9 | −5,5 | −0,5 | 5,7 | 3,9 | 6,1 | 4,0 | 3,5 | −7,2 | −1,9 | 6,0 | 0,5 | −0,2 |
| Panamá[5] | 5,6 | 3,7 | 3,0 | −9,0 | 4,0 | 0,5 | 0,2 | −0,1 | −0,5 | 0,5 | −5,9 | −8,2 | −5,2 | −7,0 | −6,2 |
| República Dominicana | 4,7 | 7,0 | 5,1 | −6,0 | 4,0 | 4,2 | 1,2 | 3,7 | 4,0 | 4,0 | −0,2 | −1,4 | −1,4 | −6,0 | −4,5 |
| **Caribe: Países dependentes do turismo** | 1,4 | 2,0 | 0,5 | −9,9 | 4,0 | 6,2 | 4,6 | 7,5 | 7,5 | 7,9 | −5,5 | −5,8 | −2,0 | −11,3 | −10,4 |
| Antígua e Barbuda | 3,1 | 7,0 | 3,4 | −17,3 | 4,7 | 2,4 | 1,7 | 1,5 | 0,7 | 1,3 | −7,8 | −13,7 | −6,5 | −22,0 | −24,7 |
| Aruba | 2,3 | 1,2 | 0,4 | −19,7 | 9,0 | −0,5 | 4,5 | 5,2 | −1,1 | 3,3 | 1,1 | −0,7 | 2,1 | −20,8 | −17,2 |
| Bahamas | 3,1 | 3,0 | 1,2 | −14,8 | 4,6 | 1,6 | 2,0 | 1,8 | 1,7 | 2,5 | −12,1 | −11,4 | 0,6 | −17,5 | −15,9 |
| Barbados | 0,5 | −0,6 | −0,1 | −11,6 | 7,4 | 6,6 | 0,6 | 7,2 | −0,8 | 2,4 | −3,8 | −4,0 | −3,1 | −11,1 | −6,8 |
| Belize | 1,9 | 2,1 | −2,0 | −16,0 | 8,0 | 1,0 | −0,1 | 0,2 | 1,1 | 1,3 | −8,6 | −8,1 | −9,6 | −15,3 | −11,4 |
| Dominica | −9,5 | 0,5 | 8,4 | −8,8 | 3,3 | 1,4 | 1,4 | 1,8 | 1,8 | 2,0 | −8,8 | −44,6 | −27,2 | −27,8 | −26,3 |
| Granada | 4,4 | 4,1 | 3,0 | −11,8 | 3,0 | 0,5 | 1,4 | 0,1 | −0,8 | 1,2 | −14,4 | −15,9 | −15,8 | −25,3 | −24,9 |
| Haiti[6] | 1,2 | 1,5 | −1,2 | −4,0 | 1,2 | 15,4 | 13,3 | 19,7 | 25,0 | 22,0 | −1,0 | −3,9 | −1,4 | −2,5 | −0,4 |
| Jamaica | 0,7 | 1,9 | 0,9 | −8,6 | 3,6 | 5,2 | 2,4 | 6,2 | 4,1 | 5,7 | −2,7 | −1,6 | −2,0 | −5,2 | −7,2 |
| Santa Lúcia | 3,5 | 2,6 | 1,7 | −16,9 | 7,2 | 2,0 | 2,2 | 0,9 | 1,5 | 2,1 | −1,0 | 2,2 | 5,3 | −16,8 | −9,3 |
| São Cristóvão e Névis | −2,0 | 2,9 | 2,8 | −18,7 | 8,0 | 0,8 | −0,7 | 0,4 | 1,0 | 1,3 | −11,2 | −5,7 | −2,1 | −21,0 | −20,0 |
| São Vicente e Granadinas | 1,0 | 2,2 | 0,4 | −7,0 | 3,7 | 3,4 | 1,4 | 0,5 | 1,5 | 2,0 | −11,6 | −12,0 | −10,0 | −18,7 | −16,9 |
| **Caribe: Países exportadores de commodities** | −0,6 | 1,1 | 1,0 | 0,6 | 3,8 | 2,7 | 1,9 | 1,3 | 11,7 | 4,2 | 3,4 | −0,4 | −3,0 | −7,6 | −3,2 |
| Guiana | 3,7 | 4,4 | 5,4 | 26,2 | 8,1 | 1,5 | 1,6 | 2,1 | 1,3 | 2,9 | −4,9 | −29,2 | −33,9 | −22,0 | −16,2 |
| Suriname | 1,8 | 2,6 | 0,3 | −13,1 | 1,5 | 9,3 | 5,4 | 4,2 | 104,9 | 20,9 | 1,9 | −3,4 | −11,1 | −8,0 | −6,2 |
| Trinidad e Tobago[4] | −2,3 | −0,2 | −0,0 | −5,6 | 2,6 | 1,3 | 1,0 | 0,4 | −0,0 | 1,0 | 5,3 | 5,8 | 4,8 | −3,3 | 1,5 |
| *Por memória* | | | | | | | | | | | | | | | |
| **América Latina e Caribe** | 1,4 | 1,1 | 0,0 | −8,1 | 3,6 | 6,2 | 7,6 | 7,7 | 5,6 | 6,8 | −1,6 | −2,5 | −1,7 | −0,5 | −0,8 |
| **ALC excluindo a Venezuela** | 2,0 | 1,7 | 0,8 | −7,8 | 3,8 | 6,2 | 7,6 | 7,7 | 5,6 | 6,8 | −1,8 | −2,7 | −1,9 | −0,5 | −0,8 |
| União Monetária do Caribe Oriental[7] | 1,2 | 3,8 | 2,8 | −15,1 | 5,8 | 1,7 | 1,3 | 0,8 | 0,9 | 1,7 | −7,5 | −11,9 | −7,7 | −21,0 | −20,5 |

Fontes: FMI, base de dados WEO; e cálculos e projeções do corpo técnico do FMI.
Nota: ACPRD = América Central, Panamá e República Dominicana; ALC = América Latina e Caribe.

[1] Os agregados regionais do crescimento do produto são calculados como médias ponderadas pelo PIB-PPC. Os agregados da inflação segundo o índice de preços ao consumidor (IPC) excluem a Venezuela, mas incluem a Argentina a partir de 2017, e são médias geométricas. Os agregados da conta corrente são as médias ponderadas pelo PIB nominal em dólares dos EUA. Assim como no relatório WEO do FMI, os dados e as projeções desta tabela se baseiam na informação disponível até 28 de setembro de 2020.
[2] Estas cifras em geral diferem das taxas de inflação média do período apresentadas no relatório WEO do FMI, embora ambas estejam baseadas nas mesmas projeções subjacentes.
[3] Porto Rico é classificado como uma economia avançada. Embora seja um território dos Estados Unidos, seus dados estatísticos são mantidos de forma separada e independente.
[4] Ver mais detalhes sobre os dados no Anexo 5.
[5] Os coeficientes do PIB se baseiam na série do PIB com ano-base 2007.
[6] Dados do ano fiscal.
[7] A União Monetária do Caribe Oriental inclui Antígua e Barbuda, Dominica, Granada, Santa Lúcia, São Cristóvão e Névis, e São Vicente e Granadinas, bem como Anguila e Montserrat, que não são membros do FMI.

# PERSPECTIVAS ECONÔMICAS: AS AMÉRICAS

## Tabela 2 do Apêndice. As Américas: Principais indicadores fiscais[1]

| | Despesa primária do governo geral (Em % do PIB) | | | | | Saldo primário do governo geral (Em % do PIB) | | | | | Dívida bruta do governo geral (Em % do PIB) | | | | |
|---|---|---|---|---|---|---|---|---|---|---|---|---|---|---|---|
| | | | | Projeções | | | | | Projeções | | | | | Projeções | |
| | 2017 | 2018 | 2019 | 2020 | 2021 | 2017 | 2018 | 2019 | 2020 | 2021 | 2017 | 2018 | 2019 | 2020 | 2021 |
| **América do Norte** | 32,5 | 32,4 | 32,8 | 44,4 | 35,1 | −2,1 | −3,1 | −3,6 | −16,2 | −6,6 | 101,7 | 102,7 | 104,2 | 126,9 | 129,1 |
| Canadá | 37,7 | 38,2 | 38,3 | 54,5 | 43,0 | 0,0 | −0,2 | −0,2 | −19,8 | −8,2 | 90,5 | 89,7 | 88,6 | 114,6 | 115,0 |
| México[2] | 21,7 | 21,5 | 22,4 | 25,9 | 22,4 | 2,6 | 1,6 | 1,3 | −2,0 | 0,2 | 54,0 | 53,6 | 53,7 | 65,5 | 65,6 |
| Estados Unidos[3] | 32,8 | 32,6 | 33,0 | 44,7 | 35,2 | −2,6 | −3,6 | −4,1 | −16,7 | −6,9 | 105,7 | 106,9 | 108,7 | 131,2 | 133,6 |
| Porto Rico[4] | 19,5 | 22,0 | 22,2 | 23,7 | 21,0 | 0,2 | −0,2 | −0,4 | −1,4 | 0,0 | 51,6 | 55,3 | 56,2 | 64,8 | 65,3 |
| **América do Sul** | 30,9 | 31,0 | 29,8 | 35,7 | 31,1 | −2,9 | −2,5 | −1,1 | −9,6 | −3,3 | 64,6 | 74,8 | 76,9 | 87,3 | 86,3 |
| Argentina[5] | 38,7 | 36,2 | 34,3 | 41,6 | ... | −4,2 | −2,3 | −0,4 | −8,5 | ... | 57,0 | 86,4 | 90,4 | 96,7 | ... |
| Bolívia[6] | 37,5 | 35,9 | 34,7 | 34,5 | 32,5 | −6,7 | −7,0 | −5,8 | −7,0 | −5,4 | 51,3 | 53,8 | 59,0 | 69,4 | 68,3 |
| Brasil[7] | 30,6 | 30,8 | 30,9 | 38,9 | 31,4 | −1,8 | −1,7 | −1,0 | −12,0 | −3,1 | 83,7 | 87,1 | 89,5 | 101,4 | 102,8 |
| Chile | 24,6 | 24,5 | 24,9 | 28,3 | 29,0 | −2,3 | −1,1 | −2,3 | −8,1 | −3,7 | 23,6 | 25,6 | 27,9 | 32,8 | 37,5 |
| Colômbia[8] | 26,2 | 31,7 | 28,7 | 31,8 | 29,1 | −0,5 | −2,5 | −0,0 | −6,2 | −2,9 | 49,4 | 53,7 | 52,3 | 68,2 | 68,1 |
| Equador[9] | 34,4 | 36,0 | 33,9 | 35,9 | 33,0 | −2,3 | −0,7 | −0,5 | −5,8 | −1,3 | 44,6 | 46,1 | 51,8 | 68,9 | 67,4 |
| Paraguai | 18,5 | 19,4 | 22,0 | 24,3 | 22,0 | 0,1 | −0,6 | −2,6 | −6,3 | −3,2 | 19,8 | 22,2 | 26,1 | 35,5 | 35,7 |
| Peru | 20,1 | 20,2 | 20,0 | 26,1 | 22,7 | −1,9 | −0,9 | −0,2 | −7,9 | −2,6 | 25,4 | 26,2 | 27,1 | 39,5 | 39,1 |
| Uruguai[10] | 29,9 | 30,6 | 31,5 | 33,6 | 31,6 | −0,1 | 0,6 | −0,6 | −2,9 | −1,2 | 61,0 | 63,4 | 65,9 | 69,5 | 69,0 |
| Venezuela[11] | 37,7 | 48,4 | 21,3 | ... | ... | −23,0 | −31,0 | −10,0 | ... | ... | 26,0 | 180,8 | 232,8 | ... | ... |
| **ACPRD** | 17,0 | 16,8 | 16,7 | 19,2 | 17,8 | −0,7 | −0,6 | −0,6 | −4,8 | −2,1 | 41,2 | 43,5 | 46,2 | 57,3 | 59,9 |
| Costa Rica[12] | 16,7 | 16,0 | 17,0 | 17,3 | 16,1 | −3,0 | −2,3 | −2,8 | −4,2 | −2,0 | 48,3 | 53,1 | 58,4 | 70,1 | 74,8 |
| El Salvador[13] | 21,8 | 21,6 | 21,6 | 29,1 | 24,6 | 0,7 | 1,0 | 0,6 | −8,8 | −3,5 | 67,2 | 68,0 | 69,4 | 89,0 | 92,5 |
| Guatemala[12] | 11,3 | 11,7 | 11,9 | 14,1 | 12,7 | 0,1 | −0,3 | −0,6 | −3,8 | −1,8 | 25,1 | 26,5 | 26,6 | 32,2 | 33,9 |
| Honduras | 24,7 | 24,0 | 23,6 | 26,0 | 26,6 | 0,2 | 0,8 | 0,8 | −2,5 | −1,7 | 38,9 | 40,1 | 40,3 | 46,0 | 50,4 |
| Nicarágua[13] | 26,0 | 26,4 | 26,3 | 29,0 | 28,6 | −0,7 | −1,9 | 0,8 | −3,0 | −2,1 | 34,1 | 37,5 | 42,1 | 48,3 | 50,3 |
| Panamá[14] | 20,4 | 21,1 | 19,6 | 21,5 | 22,5 | −0,5 | −1,5 | −1,5 | −6,8 | −4,9 | 34,8 | 36,8 | 41,0 | 55,0 | 60,1 |
| República Dominicana[13] | 14,6 | 13,7 | 13,8 | 17,1 | 13,7 | −0,5 | 0,4 | 0,6 | −4,6 | 0,2 | 49,2 | 50,7 | 53,8 | 68,8 | 68,2 |
| **Caribe: Países dependentes do turismo** | 21,7 | 21,9 | 21,2 | 24,9 | 24,1 | 2,1 | 2,3 | 2,8 | −2,4 | −0,5 | 80,6 | 76,5 | 77,0 | 89,0 | 89,1 |
| Antígua e Barbuda[15] | 20,9 | 20,5 | 20,2 | 27,2 | 24,3 | −0,1 | −0,7 | −1,2 | −9,3 | −2,1 | 92,3 | 90,7 | 84,5 | 113,7 | 112,7 |
| Aruba | 23,7 | 23,8 | 22,6 | 41,9 | 26,9 | 1,7 | 1,9 | 4,8 | −18,4 | −0,5 | 86,7 | 83,4 | 81,3 | 127,1 | 120,3 |
| Bahamas[12] | 19,8 | 16,8 | 17,3 | 20,1 | 22,5 | −3,1 | −0,8 | 0,8 | −3,3 | −6,6 | 53,0 | 61,0 | 58,8 | 68,7 | 82,0 |
| Barbados[16] | 25,3 | 25,8 | 24,9 | 28,2 | 27,4 | 3,3 | 3,5 | 6,3 | 1,0 | 3,5 | 158,3 | 125,6 | 122,2 | 134,1 | 124,5 |
| Belize[12,17] | 31,1 | 29,9 | 32,2 | 36,9 | 33,9 | −1,2 | 1,3 | −0,5 | −5,6 | −4,2 | 104,4 | 101,5 | 105,1 | 134,6 | 132,3 |
| Dominica[15] | 52,9 | 64,0 | 43,3 | 34,4 | 32,4 | 2,4 | −17,7 | −6,4 | −1,5 | 1,5 | 83,8 | 78,8 | 85,7 | 90,8 | 89,0 |
| Granada[15] | 19,9 | 20,3 | 19,7 | 24,3 | 22,4 | 5,7 | 6,6 | 6,8 | 0,5 | 3,6 | 70,1 | 64,4 | 59,1 | 71,5 | 73,5 |
| Haiti[12] | 17,4 | 18,7 | 14,0 | 19,4 | 21,5 | 0,3 | −1,4 | −1,8 | −5,6 | −4,3 | 38,0 | 39,7 | 47,7 | 54,4 | 52,4 |
| Jamaica[15] | 21,6 | 23,2 | 23,4 | 24,6 | 22,8 | 7,5 | 7,5 | 7,1 | 3,5 | 5,4 | 101,3 | 94,4 | 93,9 | 101,3 | 92,4 |
| Santa Lúcia[15] | 20,1 | 20,1 | 21,9 | 27,9 | 23,8 | 0,8 | 1,9 | −0,5 | −7,9 | −2,4 | 59,9 | 60,0 | 61,3 | 85,1 | 87,7 |
| São Cristóvão e Névis[15] | 27,2 | 36,7 | 38,6 | 42,0 | 33,6 | 2,1 | 2,6 | 0,2 | −7,6 | −4,7 | 59,4 | 57,2 | 56,2 | 69,1 | 63,9 |
| São Vicente e Granadinas[15] | 27,9 | 27,6 | 29,7 | 33,3 | 34,2 | 1,5 | 1,2 | −0,4 | −4,9 | −4,0 | 73,5 | 75,6 | 75,2 | 87,9 | 89,7 |
| **Caribe: Países exportadores de commodities** | 28,8 | 27,5 | 28,0 | 29,4 | 27,4 | −7,0 | −2,9 | −1,9 | −9,5 | −3,4 | 45,7 | 46,0 | 48,5 | 60,0 | 61,4 |
| Guiana[12] | 25,6 | 26,9 | 27,6 | 22,9 | 20,7 | −2,5 | −1,9 | −1,8 | −5,2 | −2,1 | 38,9 | 43,1 | 39,8 | 37,0 | 34,8 |
| Suriname[18] | 26,5 | 27,0 | 32,1 | 30,2 | 28,1 | −5,3 | −3,9 | −6,5 | −7,4 | −1,4 | 78,0 | 75,6 | 82,3 | 145,3 | 107,7 |
| Trinidad e Tobago[12] | 29,9 | 27,7 | 27,5 | 31,2 | 29,6 | −8,2 | −3,0 | −1,3 | −11,1 | −4,2 | 42,5 | 42,2 | 45,1 | 57,5 | 64,3 |
| *Por memória* | | | | | | | | | | | | | | | |
| **América Latina e Caribe** | 28,0 | 27,8 | 27,0 | 31,8 | 27,8 | −1,6 | −1,4 | −0,4 | −7,3 | −2,3 | 60,9 | 67,7 | 68,9 | 79,3 | 79,0 |
| **ALC excluindo a Venezuela** | 27,7 | 27,4 | 27,0 | 32,0 | 27,9 | −1,0 | −0,8 | −0,3 | −7,3 | −2,3 | 61,9 | 65,5 | 66,8 | 76,7 | 76,5 |
| União Monetária do Caribe Oriental[15,19] | 25,2 | 27,2 | 26,4 | 30,9 | 27,5 | 1,8 | 0,6 | 0,2 | −5,7 | −1,9 | 71,0 | 69,4 | 67,2 | 85,7 | 85,2 |

Fontes: FMI, base de dados WEO; e cálculos e projeções do corpo técnico do FMI.
Nota: ACPRD = América Central, Panamá e República Dominicana; ALC = América Latina e Caribe.

[1]As definições de governo variam segundo o país em função das diferenças institucionais específicas a cada país, incluindo o que constitui a cobertura apropriada de uma perspectiva da política fiscal, tal como definida pelo corpo técnico do FMI. Todos os indicadores são apresentados com base no exercício. Os agregados regionais são as médias ponderadas pelo PIB nominal do ano fiscal, em dólares dos EUA. Assim como no relatório WEO do FMI, os dados e as projeções desta tabela se baseiam na informação disponível até 28 de setembro de 2020.
[2]Inclui o governo central, os fundos de previdência social, as empresas públicas não financeiras e as empresas públicas financeiras não monetárias.
[3]Para facilitar a comparação internacional, a despesa e o saldo fiscal dos Estados Unidos excluem as rubricas relacionadas com a contabilidade pelo regime de competência dos planos de pensões de benefícios definidos dos servidores públicos, que são contabilizados como despesa no Sistema de Contas Nacionais 2008 (SCN 2008) adotado pelos Estados Unidos, mas não nos países que ainda não adotaram o SCN 2008. Por conseguinte, os dados desta tabela correspondentes aos Estados Unidos podem diferir dos publicados pelo Gabinete de Análise Econômica norte-americano.
[4]Porto Rico é classificado como uma economia avançada. Embora seja um território dos Estados Unidos, seus dados estatísticos são mantidos de forma separada e independente.
[5]A despesa primária e o saldo primário incluem o governo federal, as províncias e os fundos de previdência social. A dívida bruta corresponde unicamente ao governo federal.
[6]Setor público não financeiro, excluídas as operações das empresas de economia mista nacionalizadas nos setores de hidrocarbonetos e eletricidade.
[7]Setor público não financeiro, excluídas a Petrobras e a Eletrobras, e consolidado com o Fundo Soberano de Investimento. A definição inclui as letras do Tesouro no balanço do banco central, incluindo aquelas não utilizadas no âmbito de acordos de recompra (repos). A definição nacional de dívida bruta do governo geral inclui o saldo de letras do Tesouro utilizadas para fins de política monetária pelo banco central (aquelas utilizadas como garantia em operações de recompra reversa). Exclui os demais títulos públicos detidos pelo banco central.
[8]Para os saldos primários, são apresentados os dados do setor público não financeiro (excluídas as discrepâncias estatísticas); para a dívida pública bruta, são apresentados os dados do setor público combinado, incluindo a Ecopetrol e excluindo a dívida externa pendente do Banco da República.
[9]Ver mais detalhes sobre os dados do Equador no Anexo 5. A dívida bruta do setor público inclui os passivos no âmbito das vendas antecipadas de petróleo, que não são considerados dívida pública segundo a definição das autoridades. No fim de 2016, as autoridades alteraram a definição de dívida para uma base consolidada; tanto as cifras históricas como as projeções são agora apresentadas em bases consolidadas.
[10]Ver mais detalhes sobre os dados do Uruguai no Anexo 5. A partir do relatório WEO de outubro de 2019, a cobertura dos dados fiscais passou do setor público consolidado para o setor público não financeiro, com os ajustes correspondentes nos dados históricos.
[11]Ver mais detalhes sobre os dados da Venezuela no Anexo 5.
[12]Corresponde apenas ao governo central.
[13]Governo central para fins da despesa primária e do saldo primário; a dívida bruta é apresentada em base consolidada.
[14]Os coeficientes do PIB se baseiam na série do PIB com ano-base 2007. Os dados fiscais correspondem ao setor público não financeiro, excluída a Autoridade do Canal do Panamá.
[15]Os dados da despesa primária e do saldo primário se referem ao governo central; os dados da dívida bruta, ao setor público. No caso da Jamaica, a dívida pública inclui a dívida do governo central, garantida, e a dívida da PetroCaribe.
[16]Os saldos global e primário abrangem o governo central orçamentário. A dívida bruta inclui a dívida do governo central, a dívida garantida do governo central e a dívida em atraso.
[17]Em 2017, o saldo primário inclui uma transferência de capital excepcional de 2,5% do PIB. Excluída esta transferência, estima-se um superávit primário de 1,3% do PIB.
[18]A despesa primária de Suriname exclui os empréstimos líquidos.
[19]A União Monetária do Caribe Oriental inclui Antígua e Barbuda, Dominica, Granada, Santa Lúcia, São Cristóvão e Névis, e São Vicente e Granadinas, bem como Anguila e Montserrat, que não são membros do FMI.

## Referências

Banco Mundial. 2020. *Global Economic Prospects*. Washington, DC: Banco Mundial.

Blanchard, O., T. Philippon, J. Pisani-Ferry. 2020. "A New Policy Toolkit Is Needed as Countries Exit COVID-19 Lockdowns". Peterson Institute for International Economics, Policy Brief 20-8. Washington, DC.

Dingel, J. e B. Neiman. 2020. "How Many Jobs Can Be Done at Home?" NBER Working Paper 26948, National Bureau of Economic Research, Cambridge, MA.

Comissão Econômica para a América Latina e o Caribe (CEPAL). 2020. "Addressing the Growing Impact of COVID-19 with a View to Reactivation with Equality: New Projections". Special Report Covid-19 No. 5, Nações Unidas, Nova York.

Fundo Monetário Internacional (FMI). 2020a. "A COVID-19 na América Latina e Caribe". *Perspectivas econômicas: As Américas*, Documento de referência 1, Washington, DC, outubro.

Fundo Monetário Internacional (FMI). 2020b. "Mercados de trabalho na América Latina durante a COVID-19". Perspectivas econômicas: As Américas, Documento de referência 2, Washington, DC, Outubro.

Fundo Monetário Internacional (FMI). FMI 2020c. "Política fiscal durante uma pandemia: como foi o desempenho da América Latina e Caribe?". *Perspectivas econômicas: As Américas*, Documento de referência 3, Washington, DC, outubro.

Fundo Monetário Internacional (FMI). 2020d. "Avaliação do impacto da pandemia de COVID-19 nos setores empresarial e bancário da América Latina". *Perspectivas econômicas: As Américas*, Documento de referência 4, Washington, DC, outubro.

Fundo Monetário Internacional (FMI). 2020e. "The International Architecture for Resolving Sovereign Debt Involving Private-Sector Creditors: Recent Developments, Challenges, and Reform Options". IMF Policy Paper 2020/043, Washington, DC.

Hale, T., S. Webster, A. Petherick, T. Phillips e B. Kira. 2020. University of Oxford Coronavirus Government Response Tracker, Blavatnik School of Government. https:// www.bsg.ox.ac.uk/research/researchprojects/ coronavirusgovernmentresponsetracker.

Lustig, N., V. Martinez Pabon, F. Sanz e S. Younger. 2020. "The Impact of COVID-19 Lockdowns and Social Assistance on Inequality, Poverty and Mobility in Argentina, Brazil, Colombia, and Mexico". CEQ Institute Working Paper 92, Commitment to Equity Institute, Tulane University, New Orleans.

# Grupo de países e abreviaturas de países

## Grupos de países

| AL-5 | AL-6 | América Central, Panamá e República Dominicana (ACPRD) | América do Sul | Países caribenhos dependentes do turismo | Países caribenhos exportadores de commodities | União Monetária do Caribe Oriental (ECCU) |
|---|---|---|---|---|---|---|
| Brasil | Brasil | Costa Rica | Argentina | Antígua e Barbuda | Guiana | Anguila |
| Chile | Chile | El Salvador | Bolívia | Aruba | Suriname | Antígua e Barbuda |
| Colômbia | Colômbia | Guatemala | Brasil | Bahamas | Trinidad e Tobago | Dominica |
| México | México | Honduras | Chile | Barbados | | Granada |
| Peru | Peru | Nicarágua | Colômbia | Belize | | Montserrat |
| | Uruguai | Panamá | Equador | Dominica | | Santa Lúcia |
| | | República Dominicana | Paraguai | Granada | | São Cristóvão e Névis |
| | | | Peru | Haiti | | São Vicente e Granadinas |
| | | | Uruguai | Jamaica | | |
| | | | Venezuela | Santa Lúcia | | |
| | | | | São Cristóvão e Névis | | |
| | | | | São Vicente e Granadinas | | |

## Lista de abreviaturas de países

| | | | |
|---|---|---|---|
| Antígua e Barbuda | ATG | Guiana | GUY |
| Argentina | ARG | Haiti | HTI |
| Aruba | ABW | Honduras | HND |
| Bahamas | BHS | Jamaica | JAM |
| Barbados | BRB | México | MEX |
| Belize | BLZ | Nicarágua | NIC |
| Bolívia | BOL | Panamá | PAN |
| Brasil | BRA | Paraguai | PRY |
| Canadá | CAN | Peru | PER |
| Chile | CHL | Porto Rico | PRI |
| Colômbia | COL | República Dominicana | DOM |
| Costa Rica | CRI | Santa Lúcia | LCA |
| Dominica | DMA | São Cristóvão e Névis | KNA |
| Equador | ECU | São Vicente e Granadinas | VCT |
| El Salvador | SLV | Suriname | SUR |
| Estados Unidos | USA | Trinidad e Tobago | TTO |
| Granada | GRD | Uruguai | URY |
| Guatemala | GTM | Venezuela | VEN |